Laurent Mauduit

Laurent Mauduit est un écrivain et un journaliste d'investigation français spécialisé dans les affaires politiques et économiques françaises. Après avoir travaillé à *Libération* puis au *Monde*, qu'il quitte en raison d'un désaccord concernant la politique éditoriale, il a cofondé en 2008 le site d'informations Mediapart, avec Edwy Plenel. Il est notamment l'auteur d'enquêtes sur des personnages emblématiques du capitalisme français, comme Alain Minc ou Bernard Tapie. Il a également écrit plusieurs essais sur la gauche française et sur ce qu'il appelle le « naufrage socialiste », et a mené une enquête sur la presse et les médias en France dans *Main basse sur l'information* (Don Quichotte, 2016).

[illegible]

[illegible]

LA CASTE

LAURENT MAUDUIT

LA CASTE

Enquête sur cette haute fonction publique qui a pris le pouvoir

Postface inédite de l'auteur

La Découverte
9 *bis*, rue Abel-Hovelacque
75013 Paris

FSC
www.fsc.org
MIXTE
Papier issu de sources responsables
FSC® C003309

Pocket, une marque d'Univers Poche, est un éditeur qui s'engage pour la préservation de l'environnement et qui utilise du papier fabriqué à partir de bois provenant de forêts gérées de manière responsable.

ISBN 978-2-266-30785-1
Dépôt légal : février 2020

Avertissement

J'ai rencontré de nombreux fonctionnaires, témoins et responsables politiques, pour ce livre. J'en cite quelques-uns au fil du récit. D'autres n'ont pas souhaité apparaître, pour des raisons facilement compréhensibles. À tous, je voudrais dire ici ma profonde gratitude.

Je précise aussi que, pour la commodité de la lecture, j'ai fait le choix de regrouper à la fin de l'ouvrage les références des livres et documents cités.

« Quelle que soit la nature du gouvernement, le pays souffre si les instruments du pouvoir sont hostiles à l'esprit même des institutions publiques. À une monarchie, il faut un personnel monarchiste. Une démocratie tombe en faiblesse, pour le plus grand mal des intérêts communs, si ses hauts fonctionnaires, formés à la mépriser et, par nécessité de fortune, issus des classes mêmes dont elle a prétendu abolir l'empire, ne la servent qu'à contrecœur. »

Marc BLOCH, *L'Étrange Défaite*, été 1940

Introduction

Au moment où le mouvement de Mai 68 prenait son envol, un philosophe français pointait déjà la menace sur notre démocratie : « Le danger, aujourd'hui, est que la direction des affaires soit accaparée par des oligarchies de compétents, associées […] aux puissances d'argent », écrivait-il à l'occasion d'une préface au livre de Jean Schwœbel, *La Presse, le Pouvoir et l'Argent*.

« Des oligarchies de compétents, associées aux puissances d'argent » : un demi-siècle plus tard, la formule prend une formidable actualité car il n'y a pas meilleure présentation du pouvoir qui s'est installé dans notre pays avec la victoire d'Emmanuel Macron à l'élection présidentielle. L'ironie cinglante de l'histoire est que ce philosophe avisé n'est autre que Paul Ricœur (1913-2005), dont le chef de l'État a été dans sa jeunesse l'assistant.

La formule est d'autant plus précieuse que la victoire d'Emmanuel Macron, le 7 mai 2017, s'analyse de deux manières, qui se complètent l'une l'autre. Il y a d'abord la débâcle de ses rivaux : le naufrage socialiste, qui vient de loin, et le naufrage du parti néogaulliste, tout aussi spectaculaire, dont les causes anciennes se sont cumulées avec l'implosion de la candidature de François Fillon. Prévisible autant que pathétique, l'élimination des candidats des deux principaux partis qui rythmaient la vie publique française a conduit à une conjoncture électorale atypique. C'est de cette configuration politique qu'a pu jaillir le plus inattendu des événements : la victoire d'un homme d'à peine trente-neuf ans, qui n'avait jamais brigué le suffrage des électeurs, sans expérience politique ni parti.

La grande presse s'en est donné à cœur joie, mettant en scène le parcours inouï de ce jeune et brillant haut fonctionnaire, passé par l'Inspection des finances avant de bifurquer vers la banque Rothschild pour y apprendre le métier de banquier d'affaires (et découvrir les mœurs du capitalisme de connivence à la française), puis se mettre au service de François Hollande, et devenir ministre de l'Économie.

Ceci n'explique pas tout. Pour comprendre le séisme historique que représente l'élection d'Emmanuel Macron pour la vie politique, on aurait tort de la percevoir seulement comme le produit d'une aventure individuelle formidablement chanceuse, dans un contexte de dépression généralisée ; tort de la décrypter comme un accident politique hautement improbable, résultant de l'effondrement historique des deux partis dominants. Certes, il y a une part d'accident dans l'accession au pouvoir d'Emmanuel Macron, et lui-même avec lucidité en est un jour convenu, admettant devant des journalistes, le 13 février 2017, qu'il n'était pas l'« enfant naturel du temps calme en politique » mais le « fruit d'une forme de brutalité de l'histoire, d'une effraction ». Une « effraction ». Le terme est hélas bien choisi.

Et, si sa victoire est incontestablement le résultat d'une sorte de hold-up politique, elle est aussi – seconde façon d'analyser le séisme – l'aboutissement d'une évolution, ancienne et profonde, dont on parle peu, quoique de première importance. La victoire d'Emmanuel Macron est aussi celle d'une caste dont il est devenu le champion, celle de ces « oligarchies de compétents, associées aux puissances d'argent » dont parle Paul Ricœur. C'est pourquoi sa victoire « dit » beaucoup sur les évolutions de la France ces dernières années, et notamment sur le cheminement de ses élites, particulièrement de la haute fonction publique.

Ne parlons pas de trahison – ce mot-là a une connotation morale qui pollue trop souvent le débat public. Usons plutôt d'un qualificatif quasi clinique : c'est une opération de sécession que ces élites publiques, cette caste, ont conduite à leur profit.

La caste ! On aurait tort de ne pas employer ce mot qui correspond le mieux à la haute fonction publique de Bercy. Il est d'autant plus légitime qu'Emmanuel Macron, qui ne manque pas d'aplomb, l'a reprise à son compte. Au début de la campagne présidentielle, en novembre 2016, dans son livre programme, *Révolution*, il dénonçait « ces hauts fonctionnaires qui se sont constitués en caste » (sous la plume d'un ancien inspecteur général des finances, il fallait oser) et promettait d'en finir avec leurs « protections hors du temps » ; ce qu'il n'a pas entrepris.

Cette caste est peu nombreuse, mais de plus en plus puissante : elle rassemble une cohorte de hauts fonctionnaires issus pour l'essentiel de Bercy, notamment de l'Inspection des finances ou de la direction du Trésor, qui a pactisé avec le monde de la finance et de la banque françaises. D'étanches, les frontières sont devenues poreuses entre ces univers désormais consanguins, sinon confondus.

La caste est tentaculaire ; elle contrôle la forteresse de Bercy, dont les grandes directions pèsent d'un poids écrasant sur la vie publique du pays, elle dirige la finance française et des groupes du CAC 40. À cette caste se sont aussi agrégés des intellectuels, une poignée d'économistes ainsi qu'une ribambelle de conseillers d'État.

La prise du pouvoir s'est déroulée en deux temps. Hold-up économique, d'abord. À la faveur des privatisations qui ont radicalement modifié l'horlogerie interne du capitalisme français, la haute fonction publique française a progressivement perdu le sens de l'intérêt général. Avec le temps, les pantouflages (départs du public vers le privé) se sont multipliés et les figures les plus notoires de la caste ont déserté les ministères pour prendre les commandes des plus grands groupes français. Il suffit de faire le tour d'horizon du CAC 40 pour en prendre la mesure : la majorité des groupes issus des vagues successives de privatisations sont dirigés par des inspecteurs des finances. Lesquels, oubliant qu'ils avaient été formés pour servir la République, se sont formidablement enrichis, en accumulant les stock-options, bonus et autres retraites chapeaux. Il a fallu entre vingt et trente ans pour perpétrer ce hold-up économique, et le constat ne fait plus de doute : les hauts fonctionnaires chargés de conduire les privatisations sont devenus les oligarques du système. Qu'ils se revendiquent de la gauche ou de la droite… De Michel Pébereau à Daniel

Bouton, hier ; de François Pérol à Stéphane Richard, aujourd'hui : d'innombrables P-DG, banquiers ou hommes d'affaires témoignent de cette prise de pouvoir. Certes, quelques rares hauts fonctionnaires n'ont pas été happés par ces évolutions, préférant servir la République. Servir et non pas se servir. Au fil des ans, ils sont moins nombreux et plus discrets. Si bien qu'il n'y a pas d'outrance à parler de caste.

Sur le plan politique, le processus est plus insidieux. Jusqu'aux années 1960-1970, la haute fonction publique était diversifiée et composite, attachée au bon fonctionnement de la République et dévouée à l'intérêt général, incarné par un gouvernement qu'elle avait pour mission de servir. Les hauts fonctionnaires qui travaillaient à la direction du Trésor étaient d'abord de grands techniciens de la finance et savaient parfaitement conduire un plan de nationalisation quand on le leur demandait ; ils ont tout autant su conduire les vagues de privatisations quand la mode politique a changé.

Ces temps-là ne sont plus. La vague néolibérale des années 1980 a tout emporté. Et, à Bercy aussi, elle a tout dévasté. Les unes après les autres, les figures de la haute fonction publique se sont transformées en militants assidus de la cause néolibérale. Si bien que les politiques économiques et les politiques sociales ont fini par se confondre totalement, avec pour conséquence une crise démocratique majeure.

De cette crise démocratique, la haute fonction publique n'est bien sûr pas la seule responsable. Dans le courant des années 1980 et 1990, les mutations du capitalisme français se sont accélérées. Progressivement, la France a abandonné le modèle rhénan, qui avait prospéré au long des Trente Glorieuses, pour basculer vers un capitalisme à l'anglo-saxonne, dominé par la finance et bien plus tyrannique, qui garantit une prééminence du capital sur le travail et ignore le compromis social.

Ici réside la première raison du lent suicide du Parti socialiste (PS), qui accède au pouvoir au début des années 1980, au moment où le réformisme et le compromis social sont malmenés par les évolutions planétaires. Réduit à se soumettre de manière plus spectaculaire aux exigences – jusqu'aux outrances – du capitalisme financiarisé, le Parti socialiste a perdu ses fondamentaux, pour aboutir à ce pathétique quinquennat de François Hollande (2012-2017) qui a sonné le glas de l'organisation politique.

Le parti néogaulliste a suivi un mouvement presque identique : abandonnant le volontarisme économique qui a longtemps fait partie de son ADN, il s'est délité en une organisation purement conservatrice avant d'être submergé par les scandales et l'affairisme lors de la campagne de François Fillon.

Sous les avancées de ce capitalisme nouveau, la caste s'est faite audacieuse, dictant ses obsessions avec arrogance aux politiques de tous bords, au gré des alternances : moins d'impôts ! Moins d'État ! Moins de déficit ! Plus de privatisations ! Moins de protections ou de réglementations sociales ! Au fil du temps, elle a pris plus d'assurance. Et c'est Emmanuel Macron qui a franchi le pas ultime, que la technocratie de Bercy n'avait jamais osé franchir jusque-là, en roulant pour son propre compte. C'est comme si les fermiers généraux du royaume avaient décidé de destituer le monarque incompétent pour porter l'un des leurs au pouvoir. Selon le bon mot de mon confrère Antoine Perraud : Macron, c'est Necker qui se prend pour Louis XIV (et que la France regardera peut-être comme Louis XVI).

Cette évolution témoigne de la gravité de la crise démocratique que notre pays traverse. En d'autres temps, il y eut des oligarques au moins aussi brillants qu'Emmanuel Macron et en tout cas plus respectés : les Trichet et consorts. Mais tous ceux-là sont restés les conseillers des princes ; ils n'ont jamais osé commettre le sacrilège ultime.

Emmanuel Macron, dans la politique qu'il conduit, est à l'image de la caste dont il représente les intérêts. La caste est sûre d'elle-même. Elle sait ce qui est bon pour le peuple, lequel est ignorant. Elle le sait avec d'autant plus de certitude qu'à Bercy, au gré de notes ou de rapports confidentiels, elle produit depuis d'innombrables années des recommandations à l'usage des gouvernements. Il suffit d'observer la politique d'Emmanuel Macron aujourd'hui : c'est la poursuite des réformes opérées par la caste depuis plus de vingt ans à Bercy, le démantèlement du code du travail, celui du Smic, les réformes successives du régime des retraites, les projets de privatisations, le démantèlement du livret A et du logement social.

La caste est pressée. En d'autres temps, les gouvernements, de gauche comme de droite, ont pensé que la démocratie imposait de consulter les citoyens, d'essayer de créer du consensus, d'établir, selon la formule célèbre de Michel Rocard (1930-2016), des « diagnostics partagés » avant de passer à l'acte. Quiconque allait trop vite était vilipendé. Que n'a-t-on pas dit d'Alain Juppé, qui a fait l'erreur, en novembre 1995, de conduire, « droit dans ses bottes », trois réformes en même temps (SNCF, régimes spéciaux de retraite et assurance maladie), récoltant l'un des plus graves conflits sociaux que la France ait connus ? Emmanuel Macron ne se soucie pas de cela. Ses réformes ayant été concoctées depuis longtemps par Bercy, il veut les mettre en place en même temps, avec brutalité, voire pour certaines par la voie autoritaire des ordonnances. C'est l'orgie néolibérale, une revanche après une longue attente : le démantèlement du code du travail, la mise à bas du régime d'assurance chômage et le dernier régime paritaire qui va avec, la privatisation de la SNCF, puis celle, hautement sulfureuse, de la Française des jeux… La caste agit comme si le processus démocratique n'était qu'une malheureuse perte de temps. Comme si les syndicats étaient un frein, et la démocratie sociale un boulet.

En outre, on aurait pu penser que, libéral en économie, le chef de l'État le serait en politique, incarnant sur tous les plans des valeurs anglo-saxonnes. Non. Puisqu'elle est pressée, la caste s'accommode des institutions autoritaires de la Ve République, qui lui assurent les pleins pouvoirs dans un pays où il n'existe pas de contre-pouvoirs. Emmanuel Macron joue avec délectation le roitelet, fêtant son accession à l'Élysée par une cérémonie quasi royale sur l'esplanade du Louvre, puis ses quarante ans à Chambord.

Au-delà du séisme qui a emporté Les Républicains (LR) et le Parti socialiste, la France encaisse un autre tremblement de terre : la haute fonction publique dont le pays s'est doté, qu'il a formée à grands frais à l'ENA (École nationale d'administration), qu'il a distinguée dans un corps d'élite, l'Inspection des finances, a progressivement cessé de défendre l'intérêt général. Désormais, cette oligarchie ne défend plus qu'une seule cause : la finance. De ce comportement délétère de ses élites, la France a déjà pâti dans le passé. Dans des circonstances historiques certes autrement dramatiques, c'est le républicain Marc Bloch (1886-1944) qui l'a le mieux raconté. Dans son ouvrage *L'Étrange Défaite*, écrit dans les semaines qui suivent la débâcle de juin 1940, il analyse ce que le pays vient de subir : non pas une victoire de l'Allemagne sur la France, mais une défaite de la France sur elle-même. « Le pis est que nos adversaires n'y furent pas pour grand-chose », insiste-t-il. Constat terrible : non seulement la hiérarchie militaire a été nulle, vivant dans la nostalgie de sa grandeur passée, mais les élites françaises étaient du côté des vainqueurs avant même qu'ils ne fondent sur le pays. Bloch a des mots très durs contre la haute fonction publique française, alors que le régime de Vichy vient à peine de s'installer. S'il ne peut se douter que des figures de l'Inspection des finances vont s'y rallier, il sent pourtant que, dans ces milieux-là aussi, la cause de la démocratie est perdue. Il en vient à se demander si la République dispose d'une haute fonction publique fidèle à ses valeurs.

Question de bon sens, jamais posée dans le débat public : la haute fonction publique, qui trouve sa source dans l'Ancien Régime, s'est-elle jamais, si ce néologisme est permis, « républicanisée » ? Aujourd'hui, face à la montée en puissance d'un capitalisme d'actionnaires de plus en plus destructeur, l'État aurait plus que jamais besoin d'une haute fonction publique dévouée et désintéressée pour servir et défendre l'intérêt général en même temps que le modèle social français. Or, suivant le triste constat de Marc Bloch, les hauts fonctionnaires formés par l'État ne servent plus « le pays qu'à contrecœur » ou alors ils se sont mis au service de puissances privées. Ces élites ont fait défaut au moment où le pays avait le plus besoin d'elles, quand le modèle social bâti était le plus menacé. Avec Emmanuel Macron, c'est un pas de plus qui est franchi : la caste s'est émancipée et a porté l'un des siens au pouvoir.

Essayons de comprendre d'où vient cette audace et quelles peuvent en être les conséquences.

Hold-up sur le CAC 40

Dans *Le Père Goriot*, dont il commence la rédaction à partir de 1834, Honoré de Balzac (1799-1850) a cette phrase : « Le secret des grandes fortunes sans cause apparente est un crime oublié, parce qu'il a été proprement fait. »

Ciselée à l'époque de la monarchie de Juillet, période faste pour les grandes fortunes comme pour les jeunes Rastignac partis à la conquête de la capitale, la formule pourrait s'appliquer à la France d'aujourd'hui. Car si la caste a une telle influence, c'est qu'elle a d'abord commis un « crime oublié » : à la faveur des privatisations, elle s'est considérablement enrichie en dépouillant le pays d'une partie de ses biens. Un événement qui est passé relativement inaperçu : une poignée de hauts fonctionnaires en charge de la défense des intérêts de l'État l'a en partie dépecé, dans le courant des années 1980 et 1990, ou est passée au service des puissances d'argent les plus influentes du pays, mettant en pratique la détestable maxime professée par Benjamin Constant (1767-1830), lors de son ralliement à l'Empire : « Servons la bonne cause ! Et servons-nous… »

Des vagues de privatisations que la France a connues à partir de 1986, on ne retient le plus souvent que le séisme qu'elles ont entraîné sur le modèle du capitalisme français. On parle peu des hauts fonctionnaires qui les ont conduites et du bénéfice que certains d'entre eux en ont tiré – du « secret » des grandes fortunes qu'ils ont alors réalisées « sans cause apparente » et qui leur ont donné un poids si considérable dans la vie économique du pays. La cécité va au-delà : on parle encore de « noblesse d'État » sans prendre la peine de mesurer que, depuis le constat ravageur établi en 1989 par Pierre Bourdieu (1930-2002), cette « noblesse d'État » s'est transmutée en une arrogante « noblesse » du privé.

C'est un grand patron français, Michel Albert, alors P-DG des AGF, qui comprend le premier que l'effondrement du Mur va bousculer les équilibres géostratégiques mondiaux et que le capitalisme anglo-saxon, plus individualiste que le capitalisme rhénan, va devenir dominant et de plus en plus tyrannique.

Dans un livre prémonitoire, intitulé *Capitalisme contre capitalisme* (1991), Michel Albert pressent l'inexorable montée en puissance du capitalisme anglo-saxon. Constatant l'effondrement de la galaxie des pays sous domination stalinienne, il prédit que la confrontation Est-Ouest, qui avait marqué l'après-guerre, va s'effacer au profit d'une confrontation entre deux capitalismes. Entre ces deux modèles, écrit l'auteur, « ce sera une guerre souterraine, violente, implacable, mais feutrée et même hypocrite, comme le sont dans une même Église toutes les guerres de chapelles. Une guerre de frères ennemis armés de deux modèles issus d'un même système, porteurs de deux logiques antagonistes du capitalisme au sein d'un même libéralisme. Et peut-être même de deux systèmes de valeurs qui s'opposent quant à la place de l'homme dans l'entreprise, à la place du marché dans la société et au rôle de l'ordre légal dans l'économie internationale ». Il ajoute : « Tout notre avenir en dépend : l'éducation de nos enfants ; l'assurance maladie de nos parents ; l'aggravation de la pauvreté dans les sociétés riches ; les politiques d'immigration et, pour finir, nos salaires, notre épargne et nos feuilles d'impôt. »

Or ce que l'auteur ne peut savoir alors, c'est que cette confrontation va rapidement tourner à l'avantage du modèle anglo-saxon. Confortés par l'effondrement du Mur, les marchés financiers ont l'intuition que l'époque est propice à une modification radicale du rapport de forces planétaire entre capital et travail. En Europe continentale – à commencer par l'Allemagne et la France –, le capitalisme rhénan s'efface au profit d'un capitalisme qui fait la part belle aux actionnaires, avec en première ligne les fonds de pension.

Plus étonnant, le PS, parti dont le réformisme est l'essence, va contribuer à l'émergence de ce capitalisme qui lui est radicalement hostile. Il participe notamment à la vague des privatisations, virus d'un capitalisme patrimonial qui infecte le modèle social français au point de le pervertir. Les privatisations commencent en 1986. Des banques aux assurances, des pans entiers de l'économie passent au privé. Après le très éphémère « ni… ni… » (ni nationalisations ni privatisations) édicté par François Mitterrand dans sa *Lettre à tous les Français*, en ouverture de son second septennat, la course folle reprend. D'abord de

1993 à 1997, sous les gouvernements de cohabitation d'Édouard Balladur puis d'Alain Juppé. Après 1997, Lionel Jospin accélère la cadence et bat les records. En quelques années, le taux de détention du capital des groupes français du CAC 40 par les fonds d'investissement étrangers, dont les sulfureux fonds de pension anglo-saxons, progresse d'environ 5 % en 1985 à plus de 47 % ou 48 % à la fin des années 1990 – au-delà de 60 % pour certaines firmes. La France est prise d'un complexe libéral et s'ouvre aux grands vents de la mondialisation de manière plus forte que ne le font les États-Unis ou la Grande-Bretagne, qui connaissent des taux de détention par l'étranger de leurs champions nationaux beaucoup plus faibles : de l'ordre de 20 % dans le premier cas et de moins de 30 % dans le second.

La droite d'abord, la gauche ensuite offrent les grands groupes français aux marchés financiers. C'est le retour de la monarchie de Juillet accommodée à la sauce anglo-saxonne : « Allez-y ! Servez-vous. Tout cela est à vous. Enrichissez-vous... » Il n'y a plus de François Guizot (1787-1874) pour faire cette invite mais, à leur manière, Édouard Balladur et Nicolas Sarkozy, puis Dominique Strauss-Kahn et Laurent Fabius, marchent sur ces brisées, livrant aux marchés les plus beaux fleurons de l'économie française. Jusqu'aux services publics, de France Télécom à Gaz de France, sans oublier les autoroutes. Du temps où il est le ministre de l'Économie de François Hollande, Emmanuel Macron poursuit ce travail de sape en dérégulant le transport routier et en offrant les aéroports régionaux aux appétits des grands fonds d'investissement – ou même, comme à Toulouse, à des oligarques chinois corrompus. Au diable le service public, et ce qui va avec : l'égalité d'accès garanti à tous les citoyens pour des besoins fondamentaux, la péréquation des tarifs… Ces privatisations modifient radicalement la gouvernance des entreprises. Avec l'entrée au capital des grands groupes français d'actionnaires boulimiques, qui exigent des rentabilités nettement plus spectaculaires, finis les patrons à l'ancienne, les monarques de droit divin arbitrant au gré de leurs humeurs, de la conjoncture ou des rapports de forces, en donnant satisfaction tantôt à leurs salariés par des revalorisations de leurs rémunérations, tantôt à leurs clients par des baisses de prix, tantôt à leurs actionnaires par des hausses de dividendes. Désormais, les principes maîtres sont la *corporate governance* (gouvernement d'entreprise) et la *share holder value* (profit pour l'actionnaire).

Les grilles des rémunérations explosent. À la solde de leurs actionnaires, et non plus arbitres d'intérêts parfois contradictoires, les P-DG sont remerciés grassement pour leur allégeance à leurs nouveaux maîtres. Stock-options, golden parachutes, retraites dites chapeaux : au fil des ans, c'est un véritable déluge d'or dont ils profitent. Cette richesse extravagante au sommet des entreprises a pour corollaire un phénomène nouveau et massif : l'apparition des *working poors* (travailleurs pauvres). Le capitalisme anglo-saxon favorise le recours à des formes d'emplois précaires, les plus flexibles possibles. Pour poursuivre l'exemple de l'automobile, près d'un emploi sur deux dans ce secteur provient désormais de l'intérim. Autrement dit, le travail ne protège plus de la précarité, voire de la pauvreté.

La progression du virus va au-delà. Par effet de contagion, il fait des marchés financiers l'arbitre de toutes les grandes décisions. Rares sinon même impossibles en Europe continentale jusqu'en 1999 – date d'un raid historique du britannique Vodafone sur le groupe Mannesmann –, les OPA deviennent fréquentes et ne choquent plus grand monde. Les plans sociaux des entreprises changent de logique : autrefois, les patrons justifiaient les licenciements en prétendant qu'il fallait couper les « branches mortes » de leur groupe ; à présent, ils coupent aussi les branches basses, celles qui sont rentables mais, à leur goût, dans des proportions insuffisantes au regard des taux de rendement exigés par leurs boulimiques actionnaires. Cette tyrannie du capital sur le travail ouvre la voie aux licenciements boursiers, c'est-à-dire des licenciements non pas pour faire face à des difficultés économiques mais seulement pour faire plaisir à la Bourse – comme ceux de Michelin face auxquels Lionel Jospin avait avoué son impuissance en 1999. Vingt ans plus tard, c'est tout le modèle social français qui est en passe d'imploser. Avec le développement de l'intérim, le droit du licenciement, un pan entier du code du travail est menacé ; avec une couverture d'assurance maladie ou une couverture retraite de moins en moins protectrice, les systèmes d'assurances privées individuelles et de capitalisation prospèrent. Bref, tous les grands acquis sociaux sont mis, les uns après les autres, par terre.

Quand, en 1986, le coup d'envoi des privatisations est donné, c'est une transformation radicale du capitalisme français qui est enclenchée – même si de nombreux acteurs n'en mesurent pas encore tous les effets.

Par voie de conséquence, les soudains appétits que ce mouvement déclenche dans des cénacles de la haute fonction publique sont peu commentés. Tout juste y voit-on la poursuite de ces fameux pantouflages qui ont prospéré dès le XIXe siècle, mais en aucun cas un phénomène vraiment nouveau ni préoccupant.

Et pourtant, c'est un séisme historique pour la haute fonction publique du ministère des Finances. Est-ce parce que le périmètre de l'État va progressivement se réduire, et que les postes prestigieux que les membres de la direction du Trésor ou de l'Inspection des finances peuvent convoiter vont se faire moins nombreux ? Est-ce parce que l'horlogerie interne du capitalisme français se transforme et que les hauts fonctionnaires comprennent que les lieux du pouvoir sont désormais du côté du privé ? Est-ce plus simplement parce que l'État rémunère de moins en moins bien ceux qui le servent tandis que les géants du CAC 40 couvrent d'or les hauts fonctionnaires qui désertent pour promouvoir leurs intérêts ? Sans doute tous ces facteurs se cumulent-ils.

Mais même quand il fait peau neuve, sous l'onde de choc néolibérale des années 1980 et 1990, le capitalisme français reste hybride. Il adopte les traits les plus sulfureux du système anglo-saxon, à commencer par les rémunérations allouées aux mandataires sociaux et aux cadres dirigeants des grands groupes, mais il se garde d'emprunter les règles qui font de la transparence la première loi de fonctionnement des marchés financiers ou des conflits d'intérêts, un mal à éviter. Le capitalisme français cultive le goût du secret et de l'opacité ; il manifeste une tolérance constante aux conflits d'intérêts.

Et puis, il y a les legs de l'histoire : un capitalisme familial qui cohabite avec un capitalisme ouvert aux vents de la mondialisation, lequel cohabite avec un capitalisme monopoliste d'État – pour reprendre l'expression communiste des années 1970.

Précisément, à cause de la place de l'État, plus forte en France que dans bien d'autres grandes démocraties, de son rôle considérable dans l'économie depuis la Libération, les oligarques du ministère des Finances vont devenir la colonne vertébrale de ce capitalisme hybride, parce qu'ils gardent avec l'État des liens de proximité qui font d'eux des hommes d'influence auxquels des rapports publics sont demandés, quand ils ne sont pas conviés dans des commissions chargées de réformes majeures.

Au travers d'un rapide tour d'horizon, voyons comment cette « noblesse d'État » est devenue l'oligarchie du privé et comment ce hold-up sur le CAC 40 a été perpétré.

Sans surprise, la finance a été la première et principale proie de nos oligarques ; c'est là que réside le pouvoir économique. Au fil du temps, un véritable quadrillage est organisé par l'Inspection des finances : les grandes banques et les établissements financiers sont dans son collimateur et elle dépêche nombre des siens pour les garder sous son contrôle.

Le cas de la Société générale est l'un des plus emblématiques de cette autoprivatisation, au profit de l'Inspection des finances et à celui de quelques-uns de ses membres. Nationalisée en 1945, la banque est l'une des plus vieilles et des plus influentes du pays. Les hauts fonctionnaires du ministère des Finances, au lendemain de la Libération, ont pu faire carrière dans les services de l'État, mais aussi dans les grands établissements bancaires qu'il contrôle. C'est le choix que fait Marc Viénot. Inspecteur des finances, chargé de mission dans les cabinets de Paul Ramadier (1888-1961), de Guy Mollet (1905-1975) et de Félix Gaillard (1919-1970), puis successivement sous-directeur et chef de service à la direction du Trésor, il a le parfait profil pour être placé en détachement à la Société générale à partir de 1974. Gravissant les échelons de la banque, il est nommé P-DG en 1986.

Lors de la première grande vague de privatisations, conduite par le gouvernement Chirac-Balladur, c'est Marc Viénot qui accompagne la cession au privé de son établissement, en 1987. Formidable transmutation : le grand commis de l'État devient ainsi l'une des figures influentes du patronat bancaire. Et, dans ce nouveau capitalisme, la tradition perdure : quand il se décide à préparer sa succession, c'est dans son corps d'origine, l'Inspection des finances, qu'il puise pour recruter un bras droit dont il fait son successeur. Son choix s'arrête sur Daniel Bouton. Inspecteur des finances, chargé de mission à la direction du Budget à la fin des années 1970, conseiller au cabinet de Maurice Papon (1910-2007) puis directeur de cabinet d'Alain Juppé au ministère du Budget, l'intéressé décide de pantoufler en 1991 à la Société générale, dont il prend la direction en 1997.

Dans le séisme des privatisations, les secousses ébranlent tout le pays sauf l'Inspection des finances, qui garde les banques pour chasse gardée. Quand, à son tour, Daniel Bouton passe la main en avril 2009, c'est un semblable qui prend sa succession : Frédéric

Oudéa a le même parcours. Inspecteur des finances, conseiller de Nicolas Sarkozy du temps où celui-ci est ministre du Budget (1993-1995), il pantoufle à la Société générale à partir de 1995 et en devient le P-DG quatorze ans plus tard.

Voilà ce qu'est une oligarchie : un groupe qui survit à toutes les alternances, par-delà les bouleversements.

En outre, le cas de la Société générale met en évidence à quel point ces anciens hauts fonctionnaires ont vite appris, quittant le service désintéressé de l'État, à profiter du capitalisme financier dont ils sont désormais les zélés serviteurs. Un exemple : au début du mois de janvier 2009, Daniel Bouton et Frédéric Oudéa sont contraints de renoncer à leur faramineux bonus (la part variable de leur salaire) pour l'année 2008, car l'État vient d'apporter plusieurs dizaines de milliards d'euros d'aide aux banques ébranlées par la grande crise financière, dont 3,6 milliards à la seule Société générale pourtant soupçonnée d'avoir encouragé un de ses traders, Jérôme Kerviel, à prendre des risques inconsidérés sur les marchés. Les responsables de la banque n'ont ainsi d'autre choix que de renoncer à leur pactole, comme les y a invités le chef de l'État Nicolas Sarkozy.

Toutefois, à peine deux mois plus tard, Daniel Bouton et Frédéric Oudéa trouvent un subterfuge au travers de l'octroi de respectivement 70 000 et 150 000 stock-options, consenti au cours boursier le plus bas depuis les dix dernières années (24 euros). Cela provoque un scandale : comment des banquiers peuvent-ils empocher les subsides de l'État pour renflouer leur établissement, et réaliser en même temps une galipette financière pour s'enrichir ? Face au tollé, les dirigeants sont contraints de faire un geste, pour la forme : ils conservent leur pactole mais consentent à ne pas exercer leurs stock-options jusqu'à ce que la banque ait remboursé les aides de l'État.

BNP-Paribas : là encore, l'histoire bégaie. À l'origine, BNP et Paribas sont deux établissements financiers distincts. D'un côté la BNP, issue d'une fusion bancaire en 1966 voulue par Michel Debré (1912-1996) ; de l'autre, la Banque de Paris et des Pays-Bas, rebaptisée Paribas, qui est dans le courant des années 1970 la compagnie financière française la plus influente, détenant des participations dans un nombre incalculable d'entreprises. Avec le Crédit lyonnais, c'est l'une des principales tours de contrôle du capitalisme français. Les deux établissements, la BNP et Paribas, sont emportés dans les années 1980 dans la même tourmente et sont nationalisés en 1982, au début du premier septennat de François Mitterrand, en des temps où les socialistes ont encore l'ambition de « changer la vie ». Puis les deux banques sont de nouveau privatisées : Paribas lors de la vague de 1987 ; la BNP en 1993.

Inspecteur des finances comme la plupart de ses congénères, figure connue de la direction du Trésor, Michel Pébereau est, au début des années 1970, conseiller technique au cabinet de Valéry Giscard d'Estaing, ministre des Finances, avant de devenir directeur de cabinet d'un autre ministre des Finances, René Monory. Cette carrière dans la haute fonction publique lui sert de tremplin pour prospérer dans le privé. En 1982, il rejoint le Crédit commercial de France (CCF), dont il devient le P-DG et dont il conduit, en 1986, la privatisation. En 1993, il passe à la BNP, où il est nommé P-DG, pour mener la privatisation à son terme.

La suite de l'histoire, on la connaît : après une violente bataille boursière qui l'oppose à la Société générale, la BNP remporte le raid qu'elle a organisé sur Paribas, à la fin de 1999, et, la fusion consommée, Michel Pébereau est sacré P-DG d'un immense empire rebaptisé BNP-Paribas, première banque européenne et cinquième banque mondiale. Compte tenu de l'influence et de la force de ce conglomérat bancaire, l'ancien inspecteur des finances est l'un des principaux « parrains » du capitalisme parisien, l'un de ceux qui pèsent sur les deals importants mais aussi sur la vie publique française. L'histoire de BNP-Paribas et de son P-DG historique révèle que, si les oligarques du ministère des Finances partent dans le privé faire fortune, par cent liens, notamment avec leur corps d'origine, nombre d'entre eux gardent des moyens de pression et d'intervention sur la vie publique. Ils deviennent de véritables chefs d'État privés, à la tête de groupes immensément puissants, et continuent souvent de tirer les ficelles de la vie publique.

Le cas Pébereau est des plus éloquents. Patron du plus grand établissement bancaire de la place, il n'en trouve pas moins le temps, à la demande de Thierry Breton, ministre des Finances, d'écrire un rapport en 2005 sur la dette de la France. Au cours de l'année 2007, il rédige en secret une partie du programme économique du candidat Sarkozy, qui prépare sa campagne présidentielle. Peu après la victoire de son champion, on le retrouve membre d'un étrange organisme, mi-public, mi-privé, chargé d'élaborer ce que Nicolas Sarkozy baptise pudiquement « Révision générale des politiques publiques » (RGPP) – une réforme à la hache de l'État et de ses missions, d'inspiration profondément néolibérale. Claude Guéant, secrétaire général de l'Élysée, pilote l'organisme ; Michel Pébereau vient discrètement à l'Élysée pour participer à ces réunions de travail.

Quand la crise financière se déchaîne au lendemain de l'effondrement aux États-Unis de la banque Lehmann, c'est encore Michel Pébereau que l'on découvre, sur une photographie publiée dans *Paris-Match*, installé le 30 septembre 2008, à 2 h 40, dans le bureau de Christine Lagarde, ministre des Finances. La place bancaire de Paris est également ébranlée par le séisme financier ; Dexia, en particulier, est au bord de la faillite : l'Élysée appelle en renfort Michel Pébereau, qui sera le principal inspirateur du plan de sauvetage de Dexia, puis du plan de renflouement des banques françaises. Christine Lagarde est ministre des Finances, mais celui qui élabore et décide, c'est le banquier Michel Pébereau. Son plan n'a pas grand-chose à voir avec les mesures énergiques et contraignantes prises en Grande-Bretagne à la même époque. De l'autre côté de la Manche, en compensation des subsides publics qu'il apporte pour sauver les banques, l'État exige une prise de participation au capital des établissements bénéficiaires. En France, rien de tel : l'État procure de l'argent sans la moindre contrepartie.

Quand Michel Pébereau quitte la présidence de la banque à la fin 2011, Baudoin Prot, inspecteur général des finances, lui succède. En 2014, lorsque ce dernier quitte à son tour la présidence, lui succède Jean Lemierre, qui n'est pas inspecteur des finances mais ex-dignitaire de Bercy, directeur général des impôts et directeur du Trésor. La caste, encore.

L'histoire de BNP-Paribas est plus qu'une privatisation bancaire. C'est aussi la privatisation, si l'on peut dire, d'une partie de la politique publique. En laissant filer vers le privé nombre de leurs hauts fonctionnaires, les administrations ne font pas que perdre leurs forces vives ; elles entrent aussi en déclin, se soumettent à la logique désastreuse de l'État pauvre et intériorisent le fait que la légitimité est du côté de ceux qui désertent le service public, et non de ceux qui y restent fidèles.

Ce délitement de l'État et des missions d'intérêt général, on peut le constater encore avec BPCE, autre empire bancaire créé en 2008, qui révèle d'autres aspects de ce capitalisme opaque.

À l'origine de BPCE, deux établissements distincts d'origine mutualiste : les Banques populaires et les Caisses d'épargne. Au début des années 2000, les Caisses d'épargne sont un établissement emblématique de l'économie sociale à la française. Arrimées à la Caisse des dépôts et consignations (CDC), le bras armé financier de l'État, qui contrôle 35 % de son capital, elles disposent (avec La Poste) d'un monopole de distribution du Livret A, le placement préféré des Français. Assumant une mission d'intérêt général, celle de la rémunération de l'épargne populaire, la banque peut apporter l'argent ainsi collecté à la CDC, qui elle-même assume une autre mission d'intérêt général : le financement du logement social, grâce aux fonds d'épargne collectés.

Or cette double mission d'intérêt général va exploser dans le courant des années 2000, au péril des épargnants les plus modestes et des Français pauvres en quête d'un logement social. Ce travail de déconstruction, ce sont des inspecteurs des finances qui vont y concourir, avant que l'un d'entre eux n'en tire un immense profit personnel. En 2005, les Caisses d'épargne caressent le projet secret de violer le pacte d'actionnaires qui les lie à la CDC, afin de passer un accord avec les Banques populaires, pour créer à parité une banque d'investissement dénommée Natixis. Il s'agit pour les Caisses d'épargne de tourner le dos aux missions d'intérêt général qu'elles assument de conserve avec la CDC, et de mimer les banques anglo-saxonnes les plus spéculatives.

À ce projet travaillent secrètement deux anciens hauts fonctionnaires de Bercy, reconvertis dans la banque d'affaires. Le premier est Matthieu Pigasse. Ancien membre de la direction du Trésor, ancien conseiller ministériel de Dominique Strauss-Kahn à Bercy, puis directeur adjoint du cabinet de Laurent Fabius au même ministère, lui aussi est plus attiré par la vie des affaires que par la défense de l'intérêt général. Il est ainsi recruté par la banque Lazard en 2002, au moment de l'alternance politique. C'est Alain Minc (un ancien de l'Inspection des finances) qui conseille alors à Bruno Roger, patron de la banque et architecte des « noyaux durs » des privatisations d'Édouard Balladur, de l'embaucher comme associé-gérant.

Comme la loi lui en fait obligation, Matthieu Pigasse saisit la commission de déontologie de la fonction publique à qui il assure qu'il ne connaîtra aucun conflit d'intérêts et qu'il ne traitera pas les sujets qu'il a suivis à Bercy. Officiellement, il va s'occuper de la restructuration des dettes souveraines.

Mais, très vite, il reprend les dossiers qu'il a eu à traiter à l'époque : Areva, EADS, la Caisse des dépôts et les Caisses d'épargne. À l'instar de son mentor Alain Minc, il passe d'un client à l'autre, même si cela l'amène parfois à opérer de stupéfiants grands écarts. Matthieu Pigasse est ainsi le banquier conseil de la CDC, à l'époque dirigée par Francis Mayer, quand la puissante institution financière entre en conflit avec les Caisses d'épargne, à cause du projet secret Natixis dont elle a eu vent. Or que fait Matthieu Pigasse quand les hostilités éclatent ? Prend-il le parti de son client public ? S'indigne-t-il qu'une banque mutualiste dotée d'une mission d'intérêt général songe à une sorte d'autoprivatisation ? Nenni ! Matthieu Pigasse oublie ses postures de banquier « de gauche » et passe à l'ennemi en conseillant les Caisses d'épargne, qui veulent rompre avec leur actionnaire public et créer une banque d'investissement pour se placer sur les marchés américains hautement spéculatifs.

À l'époque, la Caisse des dépôts ne prend pas ombrage de la trahison de son banquier conseil, pour une raison qu'elle ne rendra jamais publique, et pour cause : Matthieu Pigasse tient secrètement informé son ancien client du travail qu'il effectue… pour les Caisses d'épargne. De leur côté, les Banques populaires enrôlent la banque Rothschild, laquelle dépêche François Pérol, l'un de ses associés-gérants, pour s'occuper du complexe dossier Natixis. Inspecteur des finances lui aussi, ancien conseiller de deux ministres des Finances successifs, Francis Mer et Nicolas Sarkozy, il a rejoint la banque d'affaires à la fin de 2004 avec l'accord de la commission de déontologie de la fonction publique, à des conditions très précises : « Un conseiller au cabinet du ministre de l'Économie, des Finances et de l'Industrie, précédemment chef du bureau "endettement international et assurance crédit" à la direction du Trésor, peut exercer une activité d'associé-gérant au sein d'un département d'une banque d'affaires sous réserve qu'il s'abstienne de traiter toute affaire dont il a eu à connaître dans ses fonctions à la direction du Trésor et au cabinet du ministre, ainsi que de conseiller la direction du Trésor[1]. »

Or le haut fonctionnaire s'était fréquemment occupé des dossiers de la CDC et des Caisses d'épargne. Ce qui ne dissuade pas François Pérol, à peine arrivé chez Rothschild & Cie, d'être le banquier conseil des Banques populaires.

Ainsi, l'associé-gérant de la banque Lazard Matthieu Pigasse, pour le compte des Caisses d'épargne, et l'associé-gérant de la banque Rothschild François Pérol, pour le compte des Banques populaires, travaillent ensemble une bonne partie de l'année 2006 pour créer Natixis, laquelle ira peu après faire naufrage en se gorgeant de produits contaminés par la crise financière américaine.

De fait, Matthieu Pigasse et François Pérol sont coresponsables, avec d'autres, de l'une des aventures financières les plus calamiteuses des dernières décennies : ils ont œuvré à la dérégulation radicale d'une banque mutualiste liée à l'État qui a conduit à l'un des plus graves sinistres bancaires que la France ait connus. Ce qui n'a pas empêché Matthieu Pigasse (aujourd'hui coactionnaire du journal *Le Monde*) et

1. Délibération de la commission de déontologie de la fonction publique du 22 décembre 2004.

François Pérol d'empocher une fortune en rémunération de cette mission.

En outre, cette mission est une sorte de privatisation qui va au-delà de la destruction du Livret A et du financement du logement social. C'est une privatisation de plusieurs biens publics. Pour créer Natixis, les Banques populaires apportent Natexis (fusion de l'ancien Crédit national et de la Banque française pour le commerce extérieur – BFCE – privatisée en 1996) ; les Caisses d'épargne apportent la société d'investissement Ixis, que la banque a arrachée peu avant à la CDC. C'est la réunion de Ixis et de Natexis, auparavant des biens publics, qui donne naissance à la banque Natixis, qui ira faire naufrage en se gorgeant de *subprimes* et autres produits financiers hautement toxiques. L'histoire ne s'arrête pas là, puisque François Pérol deviendra secrétaire général adjoint de l'Élysée, sous le quinquennat de Nicolas Sarkozy. C'est lui qui supervisera, à la demande du chef de l'État, le rapprochement des Caisses d'épargne et des Banques populaires, au début de l'année 2008, pour créer BPCE. Enfin, en violation des principes éthiques les plus élémentaires – même si la justice a finalement considéré qu'il n'y avait pas eu de prise illégale d'intérêts –, François Pérol est nommé P-DG du géant bancaire qu'il a contribué à former.

C'est une histoire stupéfiante, dont on n'a pas fini de mesurer les conséquences : que reste-t-il du code de déontologie de la fonction publique, si l'un des principaux collaborateurs du chef de l'État, qui opère des allers-retours du public au privé, peut prendre la présidence d'une banque dont il a longtemps supervisé la destinée ?

Sans s'attarder sur les autres privatisations qui se déroulent entre le milieu des années 1980 et la fin des années 1990, du Crédit commercial de France à Suez, du Crédit local de France (qui donne naissance à la banque Dexia) au Crédit lyonnais, dont les actifs non toxiques sont apportés au Crédit Agricole, on voit bien ce qui s'est joué au long de cette période : le cœur du système bancaire français a été apporté au privé, et ce sont de oligarques de Bercy qui ont été à la manœuvre. Les grands commis de l'État sont devenus les grands commis du CAC 40. De cette trahison des intérêts publics, tous ont été généreusement remerciés par les rémunérations vertigineuses dont le capitalisme anglo-saxon est coutumier.

Le quadrillage du système bancaire français privatisé par l'Inspection des finances peut encore aller au-delà. En veut-on une illustration, suivons le parcours professionnel de Marie-Anne Barbat-Layani, inconnue du grand public mais dont les faits d'armes méritent d'être rapportés dans notre histoire de la privatisation des banques françaises.

Née le 8 mai 1967, Marie-Anne Barbat-Layani fait à ses débuts un parcours des plus classiques. Passée par l'ENA (1993), elle rejoint aussitôt diplômée la direction du Trésor, la plus influente direction du ministère des Finances, avant de devenir attaché financier à la représentation de la France auprès de l'Union européenne, à Bruxelles. Les années qui suivent, elle participe alternativement aux cabinets ministériels de gauche puis de droite, afin de mettre en œuvre des politiques censées s'opposer mais qui se ressemblent au point de se confondre. En 2000, elle est ainsi conseillère technique auprès de Christian Sautter, ministre socialiste des Finances pour une très brève période, après avoir été ministre du Budget sous Lionel Jospin. En 2010-2012, on la retrouve directrice adjointe du cabinet du Premier ministre François Fillon, en charge des questions économiques. C'est le propre de l'oligarchie : elle survit à toutes les alternances et défend les mêmes intérêts.

Toutefois, entre sa collaboration avec Christian Sautter et celle avec François Fillon, Marie-Anne Barbat-Layani ne reste pas inoccupée ; son parcours témoigne de la porosité qui s'est installée entre l'intérêt général et les affaires privées, conduisant à un étonnant mélange des genres. De 2007 à 2010, elle fait une immersion dans le privé, car, au fil des ans, la direction du Trésor est devenue une annexe des grandes banques privées et une caisse de résonance des puissants intérêts du lobby bancaire (lequel lobby se montre en retour généreux et embauche les figures connues de cette même direction). Pendant les trois années qui précèdent son arrivée à Matignon, Marie-Anne Barbat-Layani est ainsi directrice générale adjointe de la Fédération nationale du Crédit Agricole.

Poursuivons. Si le parcours de cette haute fonctionnaire retient l'attention, c'est aussi à cause de la suite de sa carrière. Par un décret du président Nicolas Sarkozy, en date du 8 mai 2012, elle « est nommée inspectrice générale des finances ». Cette nomination est certes légale mais doublement stupéfiante. Car, pour pouvoir être nommé à l'Inspection générale des finances, un haut fonctionnaire doit avoir au moins quarante-cinq ans. Or le quarante-cinquième anniversaire de Marie-Anne Barbat-Layani tombait précisément le 8 mai 2012, deux jours après le second tour de l'élection présidentielle qui a vu la victoire de François Hollande. Cela ne gêne pourtant pas le président défait, qui doit rester en fonction jusqu'à la cérémonie de passation des pouvoirs, le 15 mai 2012. Loin d'expédier seulement les affaires courantes, Nicolas Sarkozy signe aussi quelques décrets avantageant certains de ses proches. Dont celui qui permet à Marie-Anne Barbat-Layani de faire un grand pas dans sa carrière professionnelle.

Cette promotion de dernière minute surprend d'autant plus que les postes à l'Inspection générale des finances sont en nombre limité et que d'autres hauts fonctionnaires avaient peut-être d'importants états de service à faire valoir et la volonté de se mettre au service de l'intérêt général, pour de longues années.

De longues années, oui, car, avec Marie-Anne Barbat-Layani, nous ne sommes pas arrivés au bout de nos surprises. Une fois nommé inspecteur des finances, un haut fonctionnaire doit attendre dix-huit mois pour devenir définitivement membre titulaire de ce grand corps de l'État. Et ce statut est une formidable protection : c'est la garantie d'un emploi à vie. Quand bien même décide-t-on de pantoufler dans le privé, on peut à tout moment revenir à l'Inspection si besoin.

Or, nommée de justesse à l'Inspection générale des finances, Marie-Anne Barbat-Layani y reste les dix-huit mois minimum pour en être titulaire. Par un nouveau décret en date du 15 novembre 2013 du président François Hollande, elle est titularisée dans le grade d'inspectrice générale des finances à compter du 8 novembre précédent. Et l'encre de ce décret est à peine sèche que déjà la fonctionnaire fait… ses valises ! Le 10 décembre, la Fédération bancaire française (FBF), quartier général de la finance française, annonce par un communiqué que Mme Barbat-Layani devient sa nouvelle directrice générale à compter du 2 janvier 2014. L'intéressée attend les délais de convenance pour sauter du train en marche et, son titre d'inspectrice des finances en poche, abandonne le service de l'intérêt général pour rejoindre le camp de la finance.

Tout cela est parfaitement légal. Il n'empêche : le parcours de cette fonctionnaire est emblématique des mœurs qui sévissent au ministère des Finances et qui pèsent lourdement sur le fonctionnement de l'État, contribuant à la dilution du sens de l'intérêt général, voire à une confusion entre intérêt général et appétits privés.

Les oligarques qui se sont servis du ministère des Finances comme tremplin professionnel contrôlent les plus grandes banques françaises, dont BNP-Paribas, la Société générale ou encore BPCE, sans oublier les possessions annexes. Ils ont aussi placé l'une des leurs au sein de la très puissante Fédération bancaire française, qui exerce un constant lobbying en direction de la puissance publique pour bloquer des projets de loi, pour en amender d'autres.

Est-il nécessaire de poursuivre ce tour d'horizon ? On aura compris ce qui se joue avec les privatisations. Le capitalisme français fait peau neuve, l'oligarchie de Bercy en profite pour mener à bien, pour son propre compte, une formidable razzia sur quelques-uns des plus grands groupes français financiers et industriels.

Il faudrait raconter les prouesses de Gérard Mestrallet qui, passé par l'ENA puis par la direction du Trésor, est nommé conseiller de Jacques Delors, alors ministre des Finances. Ce poste lui permet d'atterrir à la Compagnie financière de Suez, rebaptisée ultérieurement Suez, dont il devient le P-DG. La prise de l'ex-oligarque du ministère des Finances ne s'arrête pas là, puisque le gouvernement de Dominique de Villepin décide, en 2006, d'ouvrir le capital de Gaz de France et de pousser l'entreprise publique dans les bras de Suez, un rapprochement qui donnera naissance à Engie. En clair : c'est donc un ancien du Trésor qui mène à bien l'une des grandes privatisations d'un service public en France, celui du gaz. Pour le plus grand profit de ses principaux actionnaires, parmi lesquels le milliardaire belge Albert Frère et quelques autres de ses congénères.

Il faudrait aussi se pencher sur les méfaits de Michel Bon, un autre inspecteur des finances qui pilote en 1997 la privatisation d'un autre service public, France Télécom, voulue par le Premier ministre Lionel Jospin, et qui, par une cascade d'erreurs, fait basculer l'entreprise dans une catastrophe financière sans précédent. Rebaptisée depuis sous le nom d'Orange, elle est actuellement présidée par l'ex-inspecteur des finances Stéphane Richard.

Il faudrait encore suivre à la trace, en des temps plus lointains, un autre inspecteur des finances, Philippe Jaffré (1945-2007), qui, après un passage à la direction du Trésor, conduit sous la première cohabitation les privatisations voulues par Édouard Balladur. Et de la parole aux actes : quand il devient en 1993 le P-DG de la compagnie pétrolière publique Elf Aquitaine, il est chargé d'en mener aussi la privatisation. Ce qui finit par bâtir sa fortune : absorbée par Total en 1999, à la suite de la première grande OPA hostile dont la France est le théâtre, il quitte son fauteuil de P-DG avec un golden parachute de 50 millions de francs, objet de la première grande polémique dans notre pays sur les rémunérations à l'anglo-saxonne.

Il faudrait tout autant s'attarder sur Jean-Dominique Comolli qui a fait ses classes à Bercy, dans de nombreux cabinets ministériels, notamment comme directeur de cabinet de Michel Charasse, ministre socialiste du Budget, ce qui lui sert de tremplin pour devenir P-DG de la Seita (Société nationale d'exploitation industrielle des tabacs et allumettes), dont il conduit la privatisation, avec à la clé pour lui un déluge de stock-options. Ce qui n'empêche pas l'intéressé, fortune faite, de profiter d'un ticket de retour dans le public pour prendre la direction de l'Agence des participations de l'État (APE).

Ce tour d'horizon ne suffit toujours pas à comprendre à quel point l'oligarchie issue de Bercy – inspecteurs des finances, anciens de la direction du Trésor ou de quelques autres puissantes directions du ministère des Finances – est parvenue à quadriller sinon à verrouiller une bonne partie de la vie parisienne des affaires. Elle fonctionne à la manière d'une amicale ou d'une société d'entraide : ses membres se rendent mutuellement des services, autant qu'il est nécessaire. C'est un monde qui a ses codes, ses rites, ses usages et ses lieux de rencontre : on se côtoie une fois par mois au Siècle, le club huppé où l'on éprouve le frisson de faire partie des grands de ce monde. On joue au golf à Saint-Cloud et à Chantilly, ou au tennis dans les clubs Le Polo de Bagatelle et Le Tir au pigeon, à Paris.

De cette société d'entraide, il serait fastidieux d'établir ici toutes les ramifications. Comme elles sont innombrables, n'en évoquons qu'une seule, l'une des plus notoires, celle dont Alain Minc est le cœur et que j'ai mise au jour dans un livre antérieur, *Petits Conseils*. Inspecteur des finances lui-même, l'entremetteur du capitalisme parisien fédère autour de lui – il en a fait un métier – un réseau complexe de relations d'amitié avec d'anciens congénères de Bercy. Il y a d'abord les grands patrons avec lesquels il travaille et auxquels il prodigue, moyennant de fortes rémunérations, ses recommandations, tel Gérard Mestrallet dont nous avons parlé, un ancien du Trésor. Il y a aussi les hauts fonctionnaires encore en poste, tel un DRH de luxe, qu'il essaie de débusquer pour les placer auprès de puissances financières amies. C'est lui qui repère Matthieu Pigasse, du temps où il est au cabinet de Dominique Strauss-Kahn, et qui le fait embaucher à la banque Lazard. Très ami avec Serge Weinberg, passé lui aussi par l'ENA avant d'intégrer le cabinet de Laurent Fabius dans les années 1980, et qui dirige à l'époque PPR, le groupe du milliardaire François Pinault, il entre en contact grâce à lui avec le puissant homme d'affaires. Et il en profite pour trahir son ami, et pousser dans son fauteuil un autre inspecteur des finances, Pierre Blayau.

Lié à la socialiste Martine Aubry, avec laquelle il a fait l'ENA, Alain Minc pèse de tout son poids, en 2008, auprès de Nicolas Sarkozy afin qu'il nomme son ancien directeur de cabinet, l'ex-conseiller d'État

Guillaume Pépy, P-DG de la SNCF. Ce qui facilite les choses, peu après, quand Pierre Blayau souhaite devenir P-DG de Géodis, la filiale logistique de la SNCF.

Cette amicale des anciens du ministère des Finances – il en existe d'autres – a encore des prouesses à son actif. On se souvient que, durant de longs mois, Alain Minc a intrigué auprès de Nicolas Sarkozy pour le convaincre de supprimer la publicité dans l'audiovisuel public. Et, quand il obtient gain de cause, il remue ciel et terre pour que la privatisation de la régie publicitaire de France Télévisions soit effectuée au profit de son ami et client Stéphane Courbit. Ce qui serait vraisemblablement advenu en 2010 si Mediapart, sous ma plume, n'avait révélé qu'Alain Minc avait été rémunéré sous la forme d'actions gratuites par Stéphane Courbit et que, contrôlant 3 % du capital de son groupe, il profiterait lui aussi de cette privatisation. En substance, Alain Minc était financièrement intéressé aux possibles retombées des conseils qu'il prodiguait au chef de l'État.

Le conseil des milliardaires, pourtant, ne se décourage pas. Si la privatisation de la régie publicitaire de France Télévisions doit être abandonnée, il tente de persuader Nicolas Sarkozy de nommer un autre de ses protégés, Alexandre Bompard, issu lui aussi de l'Inspection des finances, au poste de P-DG de France Télévisions. Là encore, pas de chance : l'affaire est ébruitée trop tôt par Mediapart, toujours sous ma plume, et fait scandale. Ce qui contraint le chef de l'État à renoncer à cette promotion. Et Alexandre Bompard à rester à la tête d'Europe 1.

On connaît la suite de cette folle farandole : grâce à Alain Minc, Alexandre Bompard rebondit à la FNAC, propriété du milliardaire Pinault. Quelques années plus tard, une autre culbute intervient : la FNAC absorbe Darty. L'affaire est à peine bouclée que le groupe Pinault, sur les conseils d'Alain Minc, se déleste de la FNAC-Darty et accepte à l'été 2017 que son P-DG, Alexandre Bompard, prenne la direction du gigantesque groupe Carrefour, lequel annonce peu après qu'il envisage un accord de partenariat avec... FNAC-Darty. Un jeu de Monopoly, avec à la clé des milliers de suppressions d'emplois. Et, dans les coulisses, des inspecteurs des finances qui tirent les ficelles et s'enrichissent formidablement.

Comme ces gens-là chassent en meute, Alexandre Bompard n'arrive pas seul à la tête du groupe Carrefour. Dans ses valises, il amène avec lui quelques « têtes d'œufs », parmi lesquelles Laurent Vallée, promu secrétaire général du géant de la distribution. Passé par l'ENA, puis par le Conseil d'État, avant de devenir secrétaire général du Conseil constitutionnel, Laurent Vallée vient avec Marie Cheval, issue de la même promotion de l'ENA que lui, et qui a fait ses classes à Boursorama.

L'épilogue de cet épisode sur les mœurs singulières de cette association d'entraide intervient en avril 2018. Plusieurs nouveaux membres font leur entrée au conseil d'administration du groupe Carrefour, désormais présidé par Alexandre Bompard. Et, parmi d'autres figures, un dénommé Stéphane Courbit. Le capitalisme de la « barbichette » dans toutes ses outrances... Le conseil d'administration accueille au même moment Amélie Oudéa-Castéra, qui fait partie comme Emmanuel Macron de la promotion Senghor à l'ENA, et Stéphane Israël, énarque. Des énarques à tous les étages.

Qui peut donc prétendre que l'État a quelque intérêt à accueillir, à l'ENA d'abord, à l'Inspection des finances ensuite, des cohortes de hauts fonctionnaires dans le style d'Alexandre Bompard, mus par l'appât du gain, cherchant perpétuellement à enrichir leurs actionnaires, et à s'enrichir eux-mêmes ? Des hauts fonctionnaires, experts en galipettes financières et en plans sociaux à répétition ? Mais, de cela, la caste se moque : elle vit de ses privilèges ; elle a compris depuis longtemps que, pour bien les garantir et même les élargir, ce sont les intérêts privés qu'elle doit servir. Et non pas l'intérêt général.

Cessons là l'énumération, car les autres exemples sont à l'avenant : dans le courant des années 1990, les grands serviteurs de l'État ont les uns après les autres cessé de l'être. Ils ont pour beaucoup répondu à l'appel de l'argent. Sentant que l'État déclinait et que les marchés prenaient une force croissante, ils ont changé de camp. Eux qui jouaient les seconds rôles jusque-là, laissant les ministres qu'ils servaient occuper le devant de la scène, ont décidé progressivement de capter la lumière pour eux. Et de réaliser un rapt sur la vie parisienne des affaires.

On comprend pourquoi un autre inspecteur des finances, Emmanuel Macron, devenu associé-gérant de la banque Rothschild et découvrant le hold-up sur le CAC 40 accompli par ses aînés, s'est pris à rêver de faire encore mieux qu'eux : prendre le pouvoir politique.

À croire que *Le Père Goriot* de Balzac est la clé pour percer les secrets de l'histoire. Après tous ces hauts fonctionnaires qui se sont encanaillés pour faire fortune dans le privé, jetant aux orties l'idéal désintéressé de la fonction publique républicaine, il ne manquait plus qu'un jeune Rastignac pour forcer les portes de l'Élysée. Les choses se sont déroulées de telle sorte que l'on croirait même entendre dans sa bouche la célèbre apostrophe : « À nous deux, maintenant ! »

Le hold-up sur l'État

Dans *De la démocratie en Amérique*, écrit à l'époque où Honoré de Balzac rédige *Le Père Goriot*, Alexis de Tocqueville (1805-1859) fait lui aussi des digressions sur les vanités ou les avidités dont il croit ses contemporains coupables. Il a cette réflexion : « Le nombre des emplois publics finit par avoir des bornes ; le nombre des ambitieux n'en a point [...]. Il faut bien se convaincre que, de tous les peuples du monde, le plus difficile à contenir et à diriger, c'est un peuple de solliciteurs. Quelques efforts que fassent ses chefs, ils ne sauraient le satisfaire, et l'on doit toujours appréhender qu'il ne renverse la Constitution du pays et ne change la face de l'État, par le seul besoin de faire vaquer des places. »

Écrites sous la monarchie de Juillet, ces lignes ont une forte résonance aujourd'hui : elles invitent à comprendre que, avec les vagues de privatisations successives, les oligarques du ministère des Finances n'ont pas seulement fait un hold-up sur le pouvoir économique. Plus profondément, c'est une porosité intégrale qui s'est instaurée entre le secteur public et le secteur privé. Et, comme par un choc en retour, la « face de l’État » s’en est trouvée profondément modifiée puisque les usages et pratiques publics ont été impactés de façon irrémédiable.

Outre les pantouflages des oligarques les plus notables du ministère des Finances, des inspecteurs des finances pour la plupart, des cohortes de hauts fonctionnaires, moins connus ou plus jeunes, ont fui aussi vers le privé : administrateurs civils, anciens du Trésor, etc. Est alors apparu, d’abord timidement, puis massivement, un phénomène nouveau et d’une importance majeure : celui des rétropantouflages. Après avoir débauché des talents dans la haute fonction publique, l’oligarchie de la finance les a fréquemment envoyés infiltrer pour son compte les sommets de l’État. Une sorte de privatisation de l’État par l’intérieur a ainsi été engagée ; une privatisation presque invisible mais d’une considérable portée.

Les pantouflages. La vague a enflé ces dernières années pour des raisons multiples : le périmètre public s’est considérablement contracté au fil des trois dernières décennies, réduisant les débouchés pour les hauts fonctionnaires qui veulent monter en grade ou obtenir plus de responsabilités ; l’État, pris dans les contraintes budgétaires européennes, est devenu impécunieux tandis que le capitalisme à l’anglo-saxonne offre des rémunérations à couper le souffle à ceux qui le servent. Ajoutons l’ingratitude des politiques qui, à chaque alternance, ont la détestable manie de récompenser leurs proches ou leurs obligés davantage que les hauts fonctionnaires républicains, attachés à défendre l’intérêt général plutôt qu’un clan ou une coterie. Tout ceci a fini par aboutir à une crise historique de la haute fonction publique.

Faisons un rapide tour des pantouflages dans les domaines économiques, pour la période du quinquennat de François Hollande.

À l'Élysée, cela a été une hémorragie spectaculaire avant la fin du naufrage socialiste. Premier exemple : Jean-Jacques Barbéris. Dans son édition du 5 février 2015, *L'Obs* consacre une de ses longues enquêtes hagiographiques aux nouvelles recrues du chef de l'État au sein de son cabinet. Tandis que toutes les gazettes chroniquent la débâcle de la galaxie socialiste, le magazine, lui, réussit le tour de force de faire un reportage hors du temps, beau comme sur papier glacé, pour chanter les louanges des nouveaux, jeunes et fringants collaborateurs du président de la République, sous le titre « Élysée : ces trentenaires à qui Hollande confie les clés du pays ». L'article dresse des portraits élogieux des plus récemment cooptés. Dans le lot, on découvre un nouveau venu, Jean-Jacques Barbéris : « Dans l'équipe des "trenta", on remarque un nouveau "jeunot", un jeune homme à l'allure de trader de la City. Jean-Jacques Barbéris, conseiller pour le commerce extérieur de François Hollande, promotion Aristide-Briand de l'ENA, comme Constance Rivière. Il a trente-quatre ans et en paraît dix-huit. Diplômé de Normale sup, agrégé d'histoire, il est un des meilleurs spécialistes des marchés financiers de la place de Paris. Père communiste, mère soixante-huitarde professeur au lycée Henri-IV, à Paris. Spécialiste de la Restauration, grand lecteur de Gramsci, il est recruté par Emmanuel Macron en novembre 2013. » L'hebdomadaire, longtemps mitterrandolâtre avant d'être hollandolâtre puis macronolâtre, est visiblement sous le charme puisqu'il consacre sa couverture au jeune homme, le présentant comme l'un des génies les plus prometteurs de la galaxie Hollande. Recruté par Emmanuel Macron, adoubé par *L'Obs*, l'intéressé est forcément promis à un bel avenir. Peu de temps après, Barbéris prend du galon à l'Élysée et devient conseiller pour les affaires économiques et financières nationales et européennes. Un bien joli poste, pour un si jeune haut fonctionnaire.

Las ! L'élève a manifestement médité la leçon du maître. La finance n'est pas l'adversaire de François Hollande, encore moins d'Emmanuel Macron, aussi Barbéris décide-t-il, en avril 2016, de prendre ses cliques et ses claques et d'en faire son métier. À peine promu, aussitôt parti. Et parti vers Amundi, la société de gestion d'actifs issue du rapprochement de Crédit Agricole Asset Management et de Société générale Asset Management, avec un salaire annuel évalué à environ 400 000 euros, d'après les fuites qui ont alors circulé. Presque autant que les rémunérations des P-DG des entreprises publiques.

Dès lors, on comprend mieux pourquoi le président Hollande multiplie les cadeaux extravagants aux milieux réactionnaires du patronat ou qu'il cherche à dynamiter le code du travail : ses conseillers sont tous du même acabit ; la finance est leur port d'attache. Ils en viennent ou alors ils y trouveront refuge.

C'est tout le problème que pose ce pantouflage : sans doute ne contrevient-il pas au code pénal. Sans doute même la commission de déontologie a-t-elle émis un avis favorable – laquelle commission a en outre perdu toute crédibilité depuis l'affaire Pérol. Le départ de Jean-Jacques Barbéris vient confirmer que l'intérêt général n'a plus grand sens dans certains cénacles de la haute fonction publique. Après une année ou deux dans un cabinet ministériel, parfois quelques mois, des hauts fonctionnaires n'hésitent pas à rejoindre le privé pour faire carrière, le plus souvent dans la finance. Un monde où on lit moins Gramsci mais qui offre de grosses rémunérations… Le jeune conseiller prometteur, qui n'était pas inspecteur des finances mais administrateur civil au ministère des Finances, a ainsi profité de son bref passage au service du chef de l'État pour faire rapidement fortune. Et ce choix, bien d'autres l'ont fait avant lui, sous ce même quinquennat.

Autre exemple, celui de l'économiste ultralibérale Laurence Boone. Au printemps 2014, elle quitte la Bank of America Merrill Lynch, un des temples planétaires de la finance dérégulée, pour rejoindre l'Élysée en qualité d'économiste auprès du président de la République. Au même moment, l'un des oligarques de Bercy, David Azéma, qui dirige l'Agence des participations de l'État, annonce qu'il abandonne sa fonction pour rejoindre Bank of America Merrill Lynch. Tiens… Cette partie de ping-pong entre la banque américaine et le pouvoir socialiste révèle quelque chose de cette nouvelle porosité. L'histoire se poursuit : après une courte période à l'Élysée, Laurence Boone rejoint le groupe d'assurances Axa.

Ainsi, à l'heure où Emmanuel Macron n'a pas encore pris son envol, le mauvais exemple vient déjà du sommet, de l'Élysée, mais aussi de Bercy, où quelques-uns des puissants oligarques rendent leur tablier pour aller faire fortune, ici dans une banque, là dans un fonds d'investissement. Et cela ne choque personne. En haut lieu, on a même l'idée incongrue d'organiser des cérémonies avec petits-fours pour honorer les déserteurs.

Autre exemple, celui de l'inspecteur des finances Bruno Bézard. En juin 2014, il est nommé à l'une des fonctions les plus importantes de Bercy, celle de directeur du Trésor, en remplacement de Ramon Fernandez, parti pantoufler chez Orange. On a alors de bonnes raisons de penser que le haut fonctionnaire restera en fonction jusqu'à la fin du quinquennat, puisque le chef de l'État lui a manifesté une pareille confiance. Pas même deux ans plus tard, en mai 2016, Michel Sapin et Emmanuel Macron, respectivement ministre des Finances et ministre de l'Économie, se voient contraints d'annoncer par voie de communiqué : « Bruno Bézard, directeur général du Trésor, a informé Michel Sapin et Emmanuel Macron de sa volonté de cesser ses fonctions au 20 juin prochain, pour engager un projet entrepreneurial. Le gouvernement pourvoira au poste de directeur général du Trésor dans le cadre de la nouvelle procédure mise en place pour la sélection des directeurs d'administration centrale. » Sous-entendu : circulez ! Il n'y a là rien d'anormal… Quant à Bruno Bézard, il présente son départ de telle sorte que cela ne suscite aucune controverse : « Après trente ans de carrière au ministère des Finances, […] j'ai envie d'ouvrir une nouvelle page de ma vie professionnelle », explique-t-il à l'AFP, précisant qu'il va rejoindre le secteur privé pour « créer un fonds d'investissement entre l'Europe et la Chine, et en particulier entre la France et la Chine. […] Je vais créer ce fonds dans une structure qui existe déjà et qui s'appelle Cathay Private Equity », une plate-forme fondée par le Chinois Mingpo Cai, une personnalité influente dans les relations économiques entre Paris et Pékin, indique-t-il encore.

L'annonce ne fait pas de vagues. Il n'y a guère que le député (LR) Jacques Myard, réputé pour ses outrances de droite radicale et ses coups de gueule à l'emporte-pièce, qui se distingue en publiant un communiqué au lance-flammes : « Après l'embauche du directeur du Trésor porteur de secrets d'État par un fonds d'investissement dirigé par un Chinois, on est en droit de se demander si cette administration a dépassé le degré de naïveté pour entrer dans la zone grise dangereuse de la collaboration avec des puissances étrangères [...]. Le gouvernement est-il naïf ou complice ? »

Dans la presse, l'annonce du départ de Bruno Bézard n'émeut personne. Pourtant, c'est un problème de taille que soulève ce pantouflage, aussi important que celui qu'avait posé des années plus tôt le départ de François Pérol de l'Élysée pour la présidence des Caisses d'épargne et des Banques populaires – et plus grave que ce que subodore Jacques Myard. En effet, le fonds Cathay Capital, que rejoint le haut fonctionnaire, est une société de gestion de *private equity*, c'est-à-dire d'investissement dans les entreprises non cotées, avec des financements apportés à parité par les investisseurs chinois et par la Banque publique d'investissement (BPI), contrôlée par l'État et la Caisse des dépôts et consignations (CDC) – 250 millions d'euros chacun, selon les informations que nous avons pu recueillir à l'époque auprès de membres de la commission des finances de l'Assemblée nationale. Concrètement, d'après ce que nous avons été en mesure de reconstituer, CDC Entreprises, filiale de la

CDC, a d'abord investi en 2011 environ 75 millions d'euros, tout comme les investisseurs chinois. Puis, quand CDC Entreprises a fusionné avec d'autres structures pour donner naissance à la BPI (au sein de l'une de ses filiales BPI Investissement), les apports de la BPI à Cathay Capital ont continué pour atteindre la somme totale d'environ 250 millions d'euros ; une somme équivalente étant fournie par la partie chinoise.

Ainsi, Bruno Bézard a été embauché dans un fonds financier qui a obtenu, sans appel d'offres, la gestion de financements constitués en partie par de l'argent public français. Le conflit d'intérêts est encore plus important qu'il n'y paraît, car Bruno Bézard, en sa qualité de directeur du Trésor, était membre de la commission de surveillance de la CDC, actionnaire à 50 % de BPI. La commission de surveillance de la CDC a vraisemblablement eu à connaître ces derniers mois l'avenir de BPI et sa stratégie – dont l'alliance avec le fonds chinois – qui va devenir l'employeur… de Bruno Bézard !

Le conflit d'intérêts fait d'autant moins de doute que la BPI, étant contrôlée à 50 % par l'État, est également sous la supervision des grandes directions de Bercy. Pour cette participation détenue par l'État, c'est l'Agence des participations de l'État qui est en première ligne et qui exerce la tutelle. Mais la direction du Trésor est aussi très impliquée dans la gestion consanguine de la BPI. À preuve, l'une des principales filiales, BPI Financement, compte parmi ses administrateurs un haut fonctionnaire dénommé Sébastien Raspiller : sous-directeur du financement des entreprises et des marchés au Trésor, il était l'un des principaux adjoints de Bruno Bézard.

En résumé, Bruno Bézard a eu à connaître de la BPI et de son alliance avec le fonds chinois en sa double qualité de directeur du Trésor et de membre de la commission de surveillance de la CDC.

Le problème éthique ne s'arrête pas là : quand le pantouflage est annoncé, on découvre que le fonds chinois est implanté aux îles Caïmans. Cette connexion n'est guère difficile à établir. Si l'on consulte la documentation sur le site Internet de Cathay Capital Private Equity, on a tôt fait de découvrir que l'une des structures qu'il chapeaute s'appelle Cathay Capital North American Sino Fund. Il suffit de se rendre sur le site du gendarme américain des marchés financiers, la Securities and Exchange Commission (SEC), pour y vérifier que cette société est domiciliée aux îles Caïmans, à l'adresse suivante : « 94 Solaris Avenue, Camana Bay, Box 1348 ». Une simple boîte aux lettres…

Bruno Bézard ne va pas seulement passer dans un fonds financier chinois qui travaille avec de l'argent public français émanant, au moins en partie, d'un établissement public dont il était membre de la commission de surveillance. Lui qui a été directeur général des finances publiques du 1er août 2012 au 28 juin 2014, et donc en charge de la lutte contre la fraude fiscale, va rejoindre un fonds financier qui a une implantation dans l'un des paradis fiscaux les plus controversés.

Et pourtant, le lundi 6 juin 2016, Bruno Bézard est décoré. Ce soir-là, le ministre des Finances remet à l'ex-directeur du Trésor les insignes d'officier de l'ordre du Mérite. Le décret lui conférant cette distinction a certes été pris plusieurs mois auparavant, avant l'annonce de son pantouflage controversé. Mais le pouvoir socialiste n'en juge pas moins utile d'organiser une fête pour honorer Bruno Bézard, à laquelle sont invités le gratin de la haute fonction publique de Bercy et quelques anciens de la grande maison, pêle-mêle : la directrice de cabinet du ministre, Claire Waysand ; la future directrice du Trésor, Odile Renaud-Basso ; le gouverneur de la Banque de France, François Villeroy de Galhau ; le P-DG d'Aéroports de Paris, Augustin de Romanet. Perdu au milieu de ces hauts fonctionnaires, Michel Rocard, qui a commencé sa carrière à la direction de la Prévision. Le ministre de l'Économie Emmanuel Macron y fait une apparition. Formidable monde que plus rien ne choque.

Ainsi, au moment où le gouvernement défend son projet de loi anticorruption devant l'Assemblée nationale, Michel Sapin n'en juge pas moins opportun de décorer le haut fonctionnaire par lequel le scandale est arrivé, s'offusquant des critiques qui lui sont adressées.

Dans la liste des pantoufleurs, on peut en citer un autre, passé au privé si discrètement que personne ou presque ne le remarque. Ancien conseiller économique de Jacques Chirac à l'Élysée, Jean-François Cirelli devient patron de Gaz de France et accompagne sa privatisation au profit du groupe Suez et des puissants actionnaires, dont le milliardaire Albert Frère. Au début de l'année 2016, il est nommé patron de la filiale française de la multinationale américaine BlackRock, plus puissante que de nombreux États, avec un portefeuille de plus de 5 000 milliards d'euros, et dont le P-DG, Larry Fink, est une sorte de chef d'État privé tant son empire financier est important, et lui permet de discuter d'égal à égal avec les grands de ce monde. Une précieuse embauche qui permet à ce groupe tentaculaire de disposer du carnet d'adresses de sa nouvelle recrue, jusque dans les sommets de l'État.

On en a une illustration quand, au mois d'avril 2018, le gouvernement envisage, au travers d'une mesure instillée en catimini dans le projet de loi baptisé « Pacte », de dynamiter le système français de retraite supplémentaire (également appelée épargne retraite), le troisième pilier du système de retraite avec le régime de base et les régimes complémentaires. On découvre à cette occasion que le but du dispositif est de remettre en cause le système de sortie en rente de ces retraites supplémentaires, offrant aux retraités une petite rémunération en plus chaque mois, pour permettre les sorties aussi en capital, l'épargnant pouvant récupérer la totalité des sommes investies, et donc la transformation de ces produits en placements financiers ordinaires. Une réforme importante qui ouvre grand la porte de ce marché aux fonds de pension ou aux sociétés de gestion d'actifs – comme Amundi, où est parti travailler Jean-Jacques Barbéris, ou BlackRock, dont la filiale française est dirigée par Jean-François Cirelli. Ces pantouflages ne portent pas que sur des destins individuels ; par la porosité qu'ils installent, ils influent sur les politiques publiques.

Pantouflage moins célèbre mais tout aussi emblématique, celui de Benoît de La Chapelle. Ancien de la direction du Trésor, ex-directeur de cabinet de Jean-Pierre Jouyet du temps où ce dernier était secrétaire d'État aux Affaires européennes sous le quinquennat de Nicolas Sarkozy, le haut fonctionnaire est responsable à partir de 2010 des « affaires financières et monétaires » au sein de la représentation permanente française auprès des institutions européennes. C'est lui qui est supposé défendre (mollement) le projet de création d'une taxe sur les transactions financières, *alias* taxe Tobin, si vivement combattue par le lobby bancaire français et par la Fédération bancaire française dirigée par Marie-Anne Barbat-Layani. Or, en novembre 2014, on apprend que Benoît de La Chapelle a rejoint la FBF comme le bras droit de Mme Barbat-Layani, commandante en chef du combat contre la taxe Tobin. Faut-il s'étonner que le grand débat autour de cet impôt, relancé sous le gouvernement de Lionel Jospin à la fin des années 1990, n'ait jamais eu de retombées concrètes ?

Régulièrement, ces départs dans le privé posent des problèmes de conflits d'intérêts ou de possibles prises illégales d'intérêts – que le code pénal sanctionne. Quand les pantouflages sont nombreux, ce qui est le cas depuis la fin des années 1980, ils conduisent aussi à une perte de substance pour l'État. Ceux qui chroniquent la vie du ministère des Finances depuis longtemps peuvent en témoigner : au fil des trois dernières décennies, au gré des vagues successives de départs, le ministère des Finances a beaucoup perdu de ses talents intellectuels ; il s'est également appauvri sur ce point-là.

En outre, une forme terrible d'inhibition s'est installée chez la majorité des hauts fonctionnaires. Un jeune haut fonctionnaire qui travaille à la direction du Trésor peut-il recommander des mesures, même timides, encadrant la finance, sachant qu'un jour ou l'autre il passera dans le privé ? Comme le secteur de la banque ou de l'assurance risque, un jour ou l'autre, d'être son point de chute, ce serait assurément imprudent car il n'est pas de bonne politique d'insulter son futur employeur.

En somme, la direction du Trésor s'est progressivement muée en une annexe de la Fédération bancaire française. On débute sa carrière dans l'une et on s'épanouit dans la seconde, alors que les deux mondes devraient être hermétiques.

Les pantouflages sont une tradition qui, en France, remonte au XIXe siècle. Mais on aurait tort de penser que le pays ne vit aujourd'hui que la prolongation d'une consanguinité ancienne entre la haute fonction publique (notamment celle des inspecteurs des finances) et les milieux d'affaires. Car, on l'a dit, depuis quelques années, après les pantouflages viennent les rétropantouflages. Observons-en des illustrations avant d'en voir les conséquences.

Sous le quinquennat de François Hollande, la trajectoire professionnelle de Nicolas Namias, ancien de la direction du Trésor, ne manque pas d'intérêt. De juillet 2008 à avril 2012, l'intéressé entre à la direction financière du groupe BPCE, présidée par le sarkoziste François Pérol, où il supervise l'analyse et la performance. En 2012, peu après l'élection de François Hollande, il est coopté au sein du cabinet du Premier ministre Jean-Marc Ayrault, comme conseiller technique en charge des questions de financement de l'économie, des entreprises et des affaires économiques internationales. Deux ans plus tard, en mai 2014, nouvelle bifurcation : le haut fonctionnaire repart vers sa banque d'origine, BPCE, ou plutôt sa principale filiale, Natixis, pour en devenir le directeur finance et stratégie – *chief financial officer*, pour reprendre le sabir anglo-saxon qu'affectionnent les banquiers.

Nicolas Namias constitue un cas d'école de ce système de *revolving doors* – ces allers-retours entre le privé et le public de plus en plus fréquents. Or il n'est guère besoin d'être grand clerc pour comprendre que ce système a des effets ravageurs et que ce mouvement d'essuie-glace – un jour dans une banque, le lendemain dans les sommets de l'État, le surlendemain à nouveau dans la même banque – pose des questions en cascade.

D'un point de vue déontologique, le code pénal interdit à un haut fonctionnaire ayant exercé l'autorité publique sur une entreprise privée d'aller y travailler pendant les trois années suivantes. La commission de déontologie de la fonction publique est également chargée de remettre des avis aux hauts fonctionnaires qui envisagent de passer dans le privé. Toutefois, depuis que François Pérol, ancien secrétaire général adjoint de l'Élysée, a pris la présidence de BPCE dans des conditions controversées, conduisant à sa mise en examen pour prise illégale d'intérêts, la commission de déontologie qui a accepté, à ce moment-là, de jouer un rôle scabreux (son président donnant son feu vert par un courrier privé, en dehors de la procédure normale) a perdu son autorité et sa légitimité. Du coup, une jurisprudence laxiste s'est installée, dont profite à l'époque le collaborateur de Jean-Marc Ayrault. Autant dire les choses clairement : en ces affaires pourtant importantes, le code pénal n'est plus que chiffon de papier et le code de déontologie de la fonction publique a été jeté à la poubelle.

Au-delà du problème pénal ou éthique, cela pose aussi un problème politique, que le cas de Nicolas

Namias illustre bien. À Matignon, il a en charge le dossier des banques. C'est lui qui s'occupe, pour le compte du Premier ministre, de la réforme annoncée par François Hollande, visant à organiser une partition des banques. En application de l'engagement du candidat socialiste pris pendant la campagne présidentielle au Bourget (« Mon ennemie, c'est la finance »), cette partition des banques, pour isoler les activités spéculatives des activités commerciales, devait être l'une des réformes majeures du gouvernement de Jean-Marc Ayrault. On sait ce qu'il en advient : la grande réforme tourne à la pantalonnade ; à peine plus de 0,5 % du bilan des grandes banques fait l'objet d'un cantonnement.

Alors, un haut fonctionnaire qui a pantouflé dans une grande banque peut-il, une fois passé dans un cabinet ministériel, faire des recommandations énergiques contre les intérêts de cette même banque (sachant qu'il a de bonnes chances d'y retourner travailler) ? Question majeure, soulevée le 9 mai 2014, au moment des faits, par le quotidien *La Tribune* : « Comment réformer son futur employeur ? »

Un peu plus tard, ce n'est pas à Matignon mais au ministère des Finances qu'un nouveau et spectaculaire rétropantouflage vient relancer le débat. En juillet 2016, quand sa directrice de cabinet est en partance pour l'Inspection des finances, le ministre Michel Sapin a l'idée incongrue de la remplacer par Thierry Aulagnon. À ce choix, il y a bien sûr une explication : l'intéressé a déjà été le directeur de cabinet de Michel Sapin (1992-1993) quand il était ministre des Finances ; les deux hommes sont restés proches. Sur-le-champ, la polémique redémarre. Car, après être passé par la direction du Trésor, comme numéro deux (1993-1995), Thierry Aulagnon a travaillé au sein de la compagnie d'assurances du GAN, dont l'État détenait alors 82 % du capital, et en est devenu le P-DG.

Les socialistes avaient promis de lever le pied sur les privatisations, elles reprennent pourtant de plus belle en 1997, quand Lionel Jospin accède à Matignon, et Thierry Aulagnon a la charge de privatiser sa propre entreprise au profit d'un autre assureur, Groupama. Ce qui ne lui porte pas chance : il est prié peu après d'aller pantoufler ailleurs. Il entre alors à la Société générale et y dirige pendant quinze ans la banque de marché. De la banque privée, colonisée par l'Inspection des finances, Thierry Aulagnon connaît donc tous les secrets.

C'est bien le problème. Lorsque Michel Sapin l'appelle à ses côtés, alors qu'il est depuis quelques mois à la retraite, Thierry Aulagnon sait bien qu'il devra se livrer à une gymnastique compliquée pour assumer ses fonctions. De fait, est-il démocratiquement sain que l'un des dirigeants de l'une des plus grandes banques françaises devienne l'un des organisateurs et concepteurs de la politique économique et financière française ? Peut-on prétendre « re-réguler » la finance lorsqu'on a fait une bonne partie de sa carrière dans la finance dérégulée ?

D'autant que, lorsque Thierry Aulagnon est de nouveau nommé directeur de cabinet aux Finances, la bataille judiciaire entre la Société générale et Jérôme Kerviel fait rage. La banque accuse son trader de lui avoir fait perdre 4,9 milliards d'euros dans les turbulences de la crise financière. L'État est au cœur de la mêlée, puisque, au lendemain de la catastrophe financière, il a octroyé à la banque une ristourne fiscale de 2,2 milliards d'euros pour compenser les pertes, par le truchement d'un mécanisme officiel de report en arrière des déficits, connu sous le nom de *carry back*. Mais, comme le souligne à l'époque *La Tribune* datée du 12 août 2016, « pour qu'une telle déduction s'applique, une jurisprudence du Conseil d'État dit qu'il faut que la perte financière délictueuse ait été commise à l'insu des dirigeants, et que les dirigeants n'aient pas été, directement ou indirectement, à l'origine de la perte en cause ». Ce qui, à l'époque, n'est pas encore judiciairement tranché. Le cas échéant, Thierry Aulagnon serait-il donc l'homme le mieux placé pour sommer la Société générale de rendre les 2,2 milliards d'euros indûment perçus, majorés éventuellement des intérêts ?

Même si l'honnêteté de Thierry Aulagnon ne peut être mise en cause, il reste que ce genre de problème posé par les rétropantouflages génère naturellement le soupçon. Pour les citoyens, la neutralité de l'État n'est plus garantie. Son impartialité est même ruinée. Elle l'est d'autant plus que, si le pantouflage est encadré par la loi, le rétropantouflage, pratique plus récente et en expansion, lui, ne l'est pas. Pis, un responsable public peut être placé dans une situation pouvant conduire à des pratiques de prises illégales d'intérêts, d'ingérence ou d'abus d'autorité.

Avec le quinquennat d'Emmanuel Macron, un pas de plus – le dernier – est franchi dans cette aventure de dilution de l'État. D'abord, le nouveau président coopte à ses côtés, comme secrétaire général de l'Élysée, Alexis Kohler, qui, après un passage à la direction du Trésor, puis au cabinet de Pierre Moscovici aux Finances, est allé respirer le bon air du privé en partant s'installer à Genève où il a occupé la fonction de directeur financier de la compagnie Mediterranean Shipping Company (MSC), le numéro deux mondial du fret maritime. Avant donc de revenir à l'Élysée.

Dans son cas, l'histoire est même plus compliquée. Comme le révèlent plusieurs enquêtes publiées par Mediapart en mai 2018, Alexis Kohler saisit à deux reprises la commission de déontologie : la première fois en 2014, la seconde en 2016. À chaque fois, il omet de signaler que la société MSC, dont il veut devenir le directeur financier, a pour propriétaire la cousine germaine de sa mère et son mari. La première fois, la commission de déontologie émet un avis défavorable, pas du fait de ces liens familiaux qui ne lui ont pas été révélés, mais parce que, sous-directeur à l'Agence des participations de l'État, Alexis Kohler a accepté en 2010 d'être le représentant de l'État au sein du conseil d'administration de la société STX (les chantiers navals de Saint-Nazaire), dont à l'époque la société MSC est l'unique client ; et même de voter, sur instruction ministérielle, en faveur d'une commande passée par MSC à STX.

La seconde fois, en 2016, la commission de déontologie émet un avis favorable, considérant que le haut fonctionnaire n'occupe plus cette fonction depuis plus de trois ans et que l'interdiction légale est tombée. Mais Alexis Kohler ne révèle pas plus qu'il est lié familialement au groupe qu'il veut rejoindre, ce qui aurait pu altérer l'avis de la commission de déontologie, selon le témoignage recueilli auprès de l'un de ses membres. En clair, l'affaire d'Alexis Kohler illustre une tolérance aux conflits d'intérêts jusqu'au sommet de l'État. Cette tolérance est si flagrante que le parquet national financier se trouve dans l'obligation, le 4 juin 2018, d'ouvrir une enquête préliminaire sur « les conditions et circonstances dans lesquelles Monsieur Alexis Kohler a exercé des fonctions publiques à l'Agence des participations de l'État et au cabinet du ministre de l'Économie et des Finances à l'occasion desquelles il aurait pu traiter des dossiers intéressant MSC, avant d'obtenir un emploi comme directeur financier au sein de cette dernière ». Et à peine l'ouverture de cette enquête préliminaire visant le principal collaborateur du chef de l'État est-elle annoncée qu'une cascade de perquisitions intervient : dans les bureaux de la commission de déontologie ou encore dans ceux de la direction du Trésor.

À la même époque, le ministre de l'Économie Bruno Le Maire choisit comme directeur de cabinet un personnage qui a pris son envol dans la sphère publique, puis qui est allé faire fortune dans le « business », avant de rétropantoufler. Il s'agit d'Emmanuel Moulin, un ancien du Trésor qui a longtemps mené sa barque dans les eaux de la haute fonction publique sarkoziste. Directeur de cabinet adjoint de Christine Lagarde, du temps où elle est ministre des Finances, il devient conseiller économique de Nicolas Sarkozy à l'Élysée. Avec l'alternance de 2012, le voici qui plonge dans la vie des affaires : après un passage à Eurotunnel, il devient le directeur général de la banque d'affaires Mediobanca, l'un des piliers du capitalisme de connivence italien. Hasard ? C'est ce même établissement que l'État français enrôle, aux côtés de HSBC, en janvier 2016, comme banque conseil pour l'accompagner dans l'opération de privatisation de l'aéroport de Nice. Emmanuel Moulin revient donc à Bercy aux côtés de Bruno Le Maire. Parmi ses responsabilités, il a à piloter les futures… privatisations. Stupéfiant capitalisme de la barbichette où un homme peut s'occuper des mêmes dossiers tout en changeant de métier, alternativement pour le compte de l'État et pour le compte d'une banque.

Et qui Bruno Le Maire choisit-il, en juin 2017, comme directeur adjoint de cabinet, pour épauler Emmanuel Moulin ? Bertrand Dumont, qui après avoir fait ses classes au Trésor a rejoint la banque HSBC. Ainsi, tout l'encadrement du cabinet du ministre vient de la banque privée. Un ex-Mediobanca comme directeur de cabinet et un ex-HSBC comme directeur adjoint à Bercy : rien d'excessif à constater que la finance a procédé à une véritable colonisation de l'État. Quelles banques, les mois précédents, l'Agence des participations de l'État enrôle-t-elle pour la conseiller à l'occasion de ses opérations ? Les années antérieures, c'est HSBC qui était le plus souvent sollicité par l'État pour être son banquier conseil, souvent sans appel d'offres, comme l'a révélé un rapport de la Cour des comptes. En 2017, Mediobanca devient la troisième banque la plus sollicitée par l'État français. « Depuis quelques années, la banque d'affaires italienne végétait en France et la voilà en quelques mois propulsée parmi les grandes », explique Vincent Jauvert dans son livre *Les Intouchables de l'État*. Dans ce classement de 2017, Mediobanca est devancée par Rothschild & Cie, l'ex-banque d'Emmanuel Macron, qui arrive en deuxième position.

Cette confusion généralisée entre intérêt général et appétits privés est d'autant plus spectaculaire qu'au même moment on assiste à ce qu'il faut bien appeler par son nom : une privatisation de quelques-uns des postes clés de la République. Avec la nomination de deux autres rétropantoufleurs à des postes aussi importants pour la vie publique française que ceux de gouverneur de la Banque de France et de directeur général de la CDC, c'est un séisme qui traverse l'État. Le premier poste est offert en 2015 par François Hollande à François Villeroy de Galhau, le second par Emmanuel Macron à Éric Lombard. Le choix coup sur coup, à deux ans d'intervalle, de deux personnalités issues du secteur privé, et plus précisément du monde de la finance, pour les deux plus beaux postes économiques de la République en dit long sur les mutations qui agitent la très haute fonction publique. Car les deux hommes ont des profils qui se ressemblent.

Après avoir fait ses classes à Bercy comme inspecteur des Finances, puis comme directeur de cabinet de Dominique Strauss-Kahn au ministère des Finances, c'est dans la galaxie du groupe BNP-Paribas que François Villeroy de Galhau fait l'essentiel de sa carrière. Ancien membre du cabinet de Michel Sapin, du temps où celui-ci était ministre des Finances (1992), Éric Lombard a, lui aussi, longtemps fait carrière au sein de Paribas puis de BNP-Paribas, avant de devenir patron de Generali France, l'ancien quartier général d'Antoine Bernheim (1924-2012), principal parrain du capitalisme français pendant un temps, et protecteur et allié de Vincent Bolloré, lui-même actionnaire de Mediobanca.

Ces deux exemples sont loin d'être isolés. On pourrait encore en citer d'autres, comme celui de Catherine Guillouard, qui commence sa carrière au Trésor avant de faire, à partir de 1997, une longue carrière dans le privé, d'abord à Air France puis à Eutelsat, un opérateur de satellites commerciaux, et, à partir de 2013, à Rexel, un groupe industriel appartenant à de puissants fonds d'investissement. Marche arrière toute, Emmanuel Macron finit par la débaucher dans le privé pour lui offrir, par un décret du 2 août 2017, une formidable promotion dans la sphère publique, en qualité de P-DG de la RATP.

On pourrait mentionner un autre inspecteur des finances, Frédéric Lavenir, ancien du Trésor, puis directeur adjoint de Dominique Strauss-Kahn au ministère des Finances, parti faire fortune dans le privé en 2000. Après douze années passées à BNP-Paribas, le voici qui revient en 2012 dans la sphère publique, en qualité de directeur général de CNP Assurances, l'une des filiales les plus importantes de la CDC. L'intéressé siège au comité de direction du groupe CDC.

Conséquence spectaculaire : à partir de l'été 2017, le patron de la CDC, Éric Lombard, et celui de sa principale filiale, CNP Assurances, ont pour signes distinctifs d'avoir fait une bonne partie de leur carrière dans la finance privée, l'un dans une banque, l'autre dans une compagnie d'assurances. Cette transgression, inimaginable dans un passé pas si lointain, Emmanuel Macron est le premier responsable public à la revendiquer haut et fort. Dès avant l'élection présidentielle, dans son livre programme, *Révolution*, il affiche en effet son ambition de « moderniser cette haute fonction publique », faisant valoir que l'un des moyens d'y parvenir se fera « en ouvrant bien davantage les postes de direction à des non-fonctionnaires ». On ne peut donc lui faire grief de ne pas avoir tenu parole.

Voilà quelques années, jusque dans les années 1980, la haute fonction publique avait ses rites. Même si les pantouflages étaient nombreux, l'État offrait encore à ceux qui le servaient des carrières qui, pour certaines, pouvaient être prestigieuses. Il y avait, certes, l'attrait de l'argent auquel s'abandonnaient des hauts fonctionnaires issus de la direction du Trésor ou de l'Inspection générale des finances mais, pour ceux qui ne cédaient pas à la tentation, il y avait l'attrait de postes gratifiants et influents. Et, pour les hauts fonctionnaires les plus brillants, le goût de défendre l'intérêt général l'emportait souvent sur l'appétit de faire fortune. L'intérêt général continuait de prévaloir malgré la violence des appétits privés.

Ainsi a-t-on vu longtemps défiler de fortes personnalités – et de grands serviteurs de l'État – à la tête de la Caisse des dépôts, toutes issues de la sphère publique, à l'image de Robert Lion ou, longtemps avant lui, de François Bloch-Lainé (1912-2002). De son côté, la Banque de France a connu des gouverneurs dans la période contemporaine, de Renaud de La Genière jusqu'à Jean-Claude Trichet, qui ont pu certes être vivement critiqués mais dont nul ne conteste qu'ils ont été de grands commis de l'État.

Il ne faut pas idéaliser cette époque révolue, car elle aussi a connu de grandes dérives. Après d'autres, Pierre Bourdieu a décrit les errances oligarchiques auxquelles a par exemple conduit la création, à la Libération, de l'ENA : même si l'idée initiale était de briser les corporatismes et de démocratiser le recrutement des élites républicaines, une « noblesse d'État », décrite dans un livre fameux portant ce titre, s'est formée.

La noblesse d'État avait donc cela d'insupportable qu'elle fonctionnait sur un mode de reproduction assurant la perpétuelle domination des milieux d'affaires et de la bourgeoisie financière. Mais il s'agissait bien d'une noblesse… d'État ! Pas d'une noblesse public/privé. Or c'est vers cela que la France est en train de basculer.

Ce basculement ne date pas d'aujourd'hui, ni même des deux dernières décennies. Dès 1976, dans un livre qui à l'époque avait fait beaucoup de bruit, *Profession : fonctionnaire*, l'un des hauts fonctionnaires les plus brillants de sa génération, François Bloch-Lainé, avait pressenti le séisme. Soulignant qu'il avait « choisi de servir un maître et un seul : l'État », un « maître dont les agents jouissent d'une indépendance, d'une liberté qu'on trouve dans peu d'autres métiers » (que ces mots tranchent avec ceux que l'on entend aujourd'hui…), il suggérait que la profession de fonctionnaire, la sienne et celle de ses collègues, risquait à l'avenir de s'abîmer. À celle qui l'interrogeait, il faisait cette remarque : « Vous avez raison de poser la question de savoir si nous avons bénéficié, eux et moi, d'un moment privilégié de l'histoire, d'un moment qui n'est plus. Ou bien si nos cadets pourront toujours nous imiter, à leur manière. »

On sait ce qu'il est advenu.

Ces évolutions sont inquiétantes – quelle que soit la qualité des personnes, qui ici n'est pas en cause. Inquiétantes, parce que l'arrivée à des postes clés d'anciens banquiers pose la question des conflits d'intérêts. Dans le cas de la Banque de France, de nombreux économistes de renom (près de cent cinquante) parmi lesquels Thierry Philipponnat (aujourd'hui membre du collège de l'Autorité des marchés financiers), Michel Aglietta, Thomas Piketty, Gaël Giraud, Dominique Méda, Gérard Cornilleau, Jacques Le Cacheux ont signé dans *Le Monde* du 15 septembre 2015 un texte collectif demandant aux parlementaires de ne pas ratifier la nomination de François Villeroy de Galhau, estimant que celui-ci, venant de BNP-Paribas, était « exposé à un grave conflit d'intérêts ».

« L'expérience de François Villeroy de Galhau lui confère à n'en pas douter une excellente expertise du secteur bancaire, au moins autant qu'elle l'expose à un grave problème de conflit d'intérêts et met à mal son indépendance. Étant donné les enjeux de pouvoir et d'argent qu'il véhicule, le secteur bancaire est particulièrement propice aux conflits d'intérêts. Il est totalement illusoire d'affirmer qu'on peut avoir servi l'industrie bancaire puis, quelques mois plus tard, en assurer le contrôle avec impartialité et en toute indépendance », écrivaient ces économistes, avant d'ajouter : « À l'expertise indépendante ou à la promotion interne, François Hollande a préféré l'ancien banquier, énarque et inspecteur des finances. Nos gouvernants sont-ils à ce point prisonniers des intérêts financiers qu'ils laissent à la finance le pouvoir de nommer les siens aux fonctions clés des instances censées la réguler ? Sont-ils à ce point dans l'entre-soi qu'ils ne réalisent pas l'effet délétère d'une telle décision sur notre démocratie ? Sont-ils à ce point déconnectés de leurs concitoyens qu'ils ne mesurent pas la défiance à l'égard des institutions qu'une telle décision vient nourrir ? »

Ce qui vaut pour la Banque de France en 2015 vaut en 2017 pour la Caisse des dépôts, car on ne navigue pas dans les arcanes obscurs du capitalisme parisien sans y avoir noué des attaches. Ce n'est pas, en la circonstance, la personnalité d'Éric Lombard qui est en cause ni son intégrité ; c'est la situation où il est aujourd'hui placé qui est problématique.

Pour la petite histoire, lorsque Emmanuel Macron envisage de nommer Éric Lombard, un problème potentiel de conflit est découvert. En fonction depuis peu, le président de la commission de surveillance de la CDC, le député (La République en Marche – LREM) Gilles Le Gendre est obligé de confirmer dans un communiqué qu'il a été le conseil en communication de Generali France pendant dix ans, entre mai 2007 et juin 2017, société dont Éric Lombard a été le directeur général puis le président-directeur général d'octobre 2013 à mai 2017. Gilles Le Gendre préside ainsi une commission chargée de « surveiller » la CDC et son directeur général, alors qu'il a été dans le passé rémunéré par ce dernier.

Face au vide juridique, l'Élysée imagine une parade et demande un avis à la Haute Autorité pour la transparence de la vie publique (HATVP), avis qui est d'abord présenté comme favorable. Un tandem s'installe donc à la CDC, avec Éric Lombard comme patron exécutif et Gilles Le Gendre comme président de l'instance de surveillance. Mais, six mois plus tard, on apprend que la HATVP n'a pas du tout donné sa bénédiction à l'opération. Au contraire, elle a fait savoir à Gilles Le Gendre que ses activités de conseil auprès de Generali France entre 2007 et 2017, par le biais de sa société Explora et Cie, « font naître un doute raisonnable sur l'exercice indépendant, impartial et objectif » du mandat de président de la commission de surveillance, dans la mesure où Éric Lombard a été dirigeant de Generali France entre 2013 et 2017. « Pendant cette période, le contrat conclu avec la société Generali France constituait une part substantielle des revenus de M. Le Gendre. À titre d'exemple, pour l'année 2016, cela représentait 40 % du chiffre d'affaires de la société Explora et Cie et 31 % pour le premier semestre 2017 ». *Exit* Gilles Le Gendre, qui doit abandonner ses fonctions de président de la commission de surveillance.

Au-delà des conflits d'intérêts, les rétropantouflages soulèvent d'autres problèmes. Ils constituent un camouflet pour les hauts fonctionnaires restés fidèles à l'intérêt général et qui voient de plus en plus souvent les postes prestigieux leur échapper. Ils sont alors invités à comprendre que la légitimité professionnelle, c'est le privé qui la donne, et que le public est une zone de second rang.

À titre de comparaison, dans l'audiovisuel, si les mêmes chroniqueurs, comme c'est trop souvent le cas, peuvent travailler à la fois dans le privé dans le public, dans des logiques d'audience dans un cas et de pertinence dans l'autre, une porosité s'installe, avec au bout du compte l'effet délétère que l'on sait : l'audiovisuel public cesse d'être un sanctuaire et copie les mœurs souvent dégradées du privé. En économie, il en va de même : grâce aux pantouflages et aux rétropantouflages, les logiques du privé, ignorant les besoins de l'intérêt général et le long terme, ont partiellement sinon totalement corrompu l'esprit public. Le privé, l'argent, le profit : voici le seul, l'unique modèle.

Peu importe, donc, le risque de conflits d'intérêts que pose la nouvelle gouvernance de la CDC. Emmanuel Macron s'en moque quand il propulse Éric Lombard à la direction de l'institution. Ce manque de rigueur du chef de l'État conduit à une instabilité de la gouvernance de la CDC, la plus puissante institution financière française, pendant plus de six mois.

En réalité, si Emmanuel Macron ne prend pas la mesure du problème éthique que pose l'attelage qu'il met à la tête de la CDC, c'est que son parcours personnel est du même acabit. Dans le recensement des rétropantouflages les plus notoires, il en est un que nous n'avons pas cité, emblématique : celui d'Emmanuel Macron. Rien que de très logique : la tendance à privilégier des candidatures issues du privé plutôt que de la sphère publique correspond à l'inclination personnelle du chef de l'État qui a fait ses premiers pas à l'Inspection des finances avant de prendre son envol à la banque Rothschild, pour devenir ministre de l'Économie, puis chef de l'État.

Emmanuel Macron est le produit le plus abouti de cette mutation de la haute fonction publique – sa privatisation progressive, si l'on peut dire. En matière de pantouflage et de rétropantouflage, c'est lui le maître. Il est l'exemple à suivre, celui qui incarne le mieux cette tendance inquiétante d'une oligarchie du privé en train de prendre la place de la noblesse d'État. C'est le maître, parce qu'il a franchi le Rubicon, un sacrilège que n'a osé commettre aucun de ses prédécesseurs : après l'OPA des oligarques de l'Inspection des finances sur la vie des affaires, il a réalisé l'OPA sur l'État. OPA réussie.

Ce coup de force d'Emmanuel Macron marque une rupture dans l'histoire politique française. Certes, il n'est pas le premier banquier de Rothschild & Cie à accéder au sommet de l'État ; avant lui, il y a eu Georges Pompidou (1911-1974). De même que le pantouflage est un phénomène ancien en France. Mais l'accession d'Emmanuel Macron à l'Élysée intervient dans un contexte nouveau, où on atteint un niveau de porosité inédit entre la finance et le pouvoir. Une porosité qui est même institutionnalisée puisque, au début de l'année 2018, le gouvernement d'Édouard Philippe dévoile un projet de loi « pour la liberté de choisir son avenir professionnel », comprenant des dispositions de nature à « favoriser et valoriser les mobilités des fonctionnaires », autrement dit leur passage du public au privé, avec droit au retour ultérieurement.

En clair, les fonctionnaires, et tout particulièrement les hauts fonctionnaires de l'Inspection des finances ou du Conseil d'État, sont autorisés – et pour dire vrai incités – à passer dans le privé, étant entendu qu'ils conservent leur avancement pendant cinq ans, comme s'ils étaient restés des agents publics.

Avec cette disposition, la frontière entre le public et le privé est quasi abolie – alors qu'au contraire il aurait été opportun de la consolider après de longues années de laisser-aller. Et c'est l'expérience dans le privé qui est ainsi présentée comme la plus qualifiante. Message implicite : « Allez chez Bouygues, chez Bolloré, chez Niel ! Allez à BNP-Paribas, à BPCE ou chez Rothschild ! C'est là que vous serez au contact des véritables réalités du monde ! » Avec l'irruption de la génération Macron aux commandes du pays, nous assistons à une sorte de privatisation de l'État, de l'intérieur.

La formule d'Alexis de Tocqueville est des plus pertinentes : la porosité prend de telles proportions qu'elle va jusqu'à « changer la face de l'État ».

Aux origines d'un système consanguin

« Quelle que soit la nature du gouvernement, le pays souffre si les instruments du pouvoir sont hostiles à l'esprit même des institutions publiques. À une monarchie, il faut un personnel monarchiste. Une démocratie tombe en faiblesse, pour le plus grand mal des intérêts communs, si ses hauts fonctionnaires, formés à la mépriser et, par nécessité de fortune, issus des classes mêmes dont elle a prétendu abolir l'empire, ne la servent qu'à contrecœur. » On pourrait s'interroger sur le sens de ces mots du républicain Marc Bloch, puisés dans *L'Étrange Défaite*, et placés en exergue de cet ouvrage. Bloch les a écrits dans le contexte de la débâcle de juin 1940, au cours de laquelle une bonne partie des élites françaises – y compris des élites de la haute fonction publique – s'est rangée sans ciller du côté des vainqueurs, avant même que leur victoire ne soit consommée. L'interpellation de Marc Bloch dépasse les circonstances historiques troublées, et pose la question fondamentale : la République est-elle jamais parvenue à se doter d'une haute fonction publique qui adhère à ses valeurs de liberté, de fraternité, et d'égalité ? Il faut oser ouvrir ce débat, rarement mené ; car c'est peut-être l'une des raisons qui expliquent pourquoi « notre démocratie est tombée en faiblesse ». La France, de l'Empire à la Ve République, a trop souvent baigné dans une culture politique faiblement démocratique, celle du bonapartisme ou du présidentialisme ; ne s'est-elle pas aussi dotée d'une haute fonction publique affectée par les mêmes travers ? Une haute fonction publique qui trouve ses racines dans l'Ancien Régime et qui conserve des comportements oligarchiques.

Lorsque l'on observe historiquement comment la fonction publique française s'est constituée, on pourrait, certes, écarter cette suspicion car au long des siècles les agents publics ont été soumis à des obligations pour respecter des principes de plus en plus affirmés d'intégrité. Dans son livre sur la *Déontologie des fonctions publiques*, le conseiller d'État et professeur de droit public Christian Vigouroux retrace ce long et difficile cheminement. Il relève ainsi qu'en 1254 l'ordonnance de saint Louis (1214-1270) sur « la réforme de l'administration et la police du royaume » consacre le principe d'intégrité en imposant aux agents publics de jurer « qu'ils ne prendront ni ne recevront, par eux-mêmes ou par d'autres, ni or, ni argent, ni avantages indirectement, ni autre chose, à l'exception de fruits, de pain ou de vin ou autre présent jusqu'à concurrence de la somme de dix sous, et cette somme ne doit pas être dépassée ». Ils sont également tenus à l'impartialité en faisant droit « à chacun, sans exception de personne, aux pauvres aussi bien qu'aux riches » ; leur action doit être enfin efficace et ne pas tolérer que des « droits soient soustraits ou supprimés ou diminués ».

S'appuyant sur ce travail, un rapport d'information réalisé en janvier 2018 par les députés Fabien Matras (LREM) et Olivier Marleix (LR) raconte la suite de l'histoire : « Les Lumières ont repris les principes applicables aux agents royaux et les ont inscrits dans une approche plus large du politique et de la responsabilité des serviteurs de l'État. La description que Jean-Jacques Rousseau (1712-1778) fait du législateur apparaît presque comme le modèle parfait de l'agent public : il lui faut une "intelligence supérieure, qui vît toutes les passions des hommes et qui n'en éprouvât aucune, qui n'eût aucun rapport avec [la] nature [humaine] et la connût à fond, dont le bonheur fût indépendant [de celui des hommes] et qui pourtant voulût bien [s'en] occuper". Ces exigences d'exemplarité et de probité des personnels publics, prémisses de la déontologie moderne, sont réaffirmées par la Déclaration des droits de l'homme et du citoyen de 1789 dont l'article 15 affirme que "la Société a le droit de demander compte à tout Agent public de son administration". »

Pourtant, malgré ce principe majeur consigné dans la Déclaration des droits de l'homme, qui est le fondement de notre République et qui induit pour tout agent public une exigence d'exemplarité, de neutralité, de dignité et de probité, on voit bien que cette culture démocratique n'a jamais véritablement prospéré dans la très haute fonction publique. Ou alors en quelques périodes, mais pas durablement. Comme un État dans l'État, elle vit en vase clos, rétive aux grands principes républicains. En vase clos ou en constante consanguinité avec les milieux d'affaires.

Dans un ouvrage collectif coordonné par Marc-Olivier Baruch et Vincent Duclert, l'historienne

Nathalie Carré de Malberg en donne la mesure, traquant les cheminements professionnels des inspecteurs des finances du XIXe et du XXe siècle, et notamment les 355 inspecteurs que le service a connus entre 1878 et 1939. « Le pantouflage comme phénomène important et non exceptionnel, explique-t-elle, remonte aux années 1880-1890 et touche donc les promotions entrées depuis le Second Empire. Ainsi sur 90 inspecteurs entrés définitivement à l'Inspection entre 1848 et 1870, 29, soit 32,2 %, démissionnent. Ce phénomène, ancien, s'accélère des années 1890 aux années 1930 pour redescendre ensuite à un niveau moyen de 30-35 %, avec des pics dans les années 1950 et 1980. Sur nos 355 inspecteurs, 158 démissionneront (ou prendront une retraite différée possible après 1955), soit 44 %. Cette évolution se décompose ainsi : 9 sur 31 des promotions 1881-1890 soit 29 % ; 27 sur 50 des promotions 1891-1900 soit 54 % ; 21 sur 51 des promotions 1901-1910 soit 41 % ; 12 sur 30 des promotions de 1911-1914 soit 40 % ; 35 sur 102 des promotions 1917-1929 soit 34 % ; 25 sur 77 des promotions 1930-1939 soit 32 %. »

Dès la seconde moitié du XIXe siècle, et les premières décennies du XXe, avec des fluctuations selon la conjoncture économique et militaire, le pantouflage est déjà un phénomène massif à l'aune de cette petite et influente corporation des inspecteurs des finances.

Dans *Le Grand État-Major financier*, écrit sous sa seule signature, Nathalie Carré de Malberg s'intéresse aussi aux secteurs de destination des précurseurs en pantouflage. Or, là encore, pas de surprise : dès l'origine, c'est la finance qui attire les inspecteurs des finances. « La première moitié du XXe siècle prolonge et accentue cette tradition ; sur les 48 inspecteurs trésoriens, 26 passeront dans une banque privée, soit 55 %, et 40 dans une banque publique, privée ou mixte, soit 83 %. À titre de comparaison, sur 355 inspecteurs des promotions 1878 à 1939, 161, soit 45 %, passeront à un moment ou à un autre dans une banque au sens large, dont 105 dans une banque privée, soit 30 % », écrit-elle.

Le système de la « barbichette » dont nous venons de découvrir les mœurs, ce capitalisme consanguin qui permet à des élites publiques de se transformer en mercenaires de puissants intérêts privés, s'inscrit dans une histoire longue du capitalisme français. C'est, si l'on peut dire, son signe distinctif par rapport aux autres capitalismes européens, et plus encore le capitalisme anglo-saxon qui, pour présenter maints défauts, n'en a pas moins le culte de la transparence, et pourchasse les conflits d'intérêts.

En juin 2017, les rédactions d'*Alternatives économiques* et de *Basta !* ont conduit ensemble une grande enquête sur les inspecteurs généraux des finances des promotions des quarante dernières années (1976 à 2016), en recoupant des sources publiques. Les résultats auxquels elles sont parvenues suggèrent que la porosité est restée quasi inchangée d'un siècle à l'autre. « Sur les 333 inspecteurs ainsi recensés, 55 % travaillent ou ont travaillé dans le secteur privé et 34 % (soit 115 d'entre eux) ont exercé dans le secteur bancaire à un moment de leur carrière. Près de la moitié de ceux qui sont passés par le secteur privé revient dans le secteur public. »

Le rapport d'information parlementaire présente des chiffres encore plus récents : « De façon générale, le nombre de membres actifs de l'Inspection générale des finances est très stable dans le temps, peut-on lire, autour de 205 membres. Ils se répartissent entre le service public à hauteur de 68 %, dont près de 40 % à l'Inspection même, et le secteur privé à hauteur de 32 %. » Le même rapport fait aussi cet ajout, pour le moins préoccupant : « Sur la période 2013-2017, les 40 départs dans le privé ou le secteur concurrentiel public de membres de l'Inspection générale des finances ont tous reçu un avis favorable de la commission de déontologie de la fonction publique, dont 35 (soit 82,5 % des avis) sans réserve au regard de l'exercice des fonctions antérieures. »

Ainsi, du Second Empire à aujourd'hui, comme nous l'avions raconté dans un livre précédent, *Jacques le Petit*, la tendance reste presque toujours la même : loin d'être le corps d'élite de la République pour les questions économiques et financières, l'Inspection des finances est en fait l'un des rouages majeurs du capitalisme de connivence à la française, une succursale des banques au cœur de l'État. Ce qui valide la mise en garde de Marc Bloch, et en souligne la sérieuse actualité.

Comment pourrait-il en être différemment ? Que l'on songe à ce qu'était le capitalisme naissant sous le Second Empire et que l'on observe ce qu'il est aujourd'hui : on aura tôt fait de constater qu'il y a, à une époque comme à l'autre, une forte consanguinité, qui est une sorte d'invariant et qui relie le XIXe siècle à aujourd'hui. Comme si rien n'avait véritablement changé, ou si peu de chose…

Souvenons-nous, par exemple, de ce que Karl Marx (1818-1883) ou Victor Hugo (1802-1885) disent de celui qui a fomenté le coup d'État du 2 décembre 1851. Si les deux hommes divergent en de nombreux points, ils se rejoignent pour décrire un régime où l'intérêt général s'efface devant l'entrelacs complexe des appétits privés. Avec férocité, Victor Hugo fait ainsi, dans *Napoléon le Petit* (1852), ce portrait du pouvoir qui s'installe : « Quelle misère que cette joie des intérêts et des cupidités s'assouvissant dans l'auge du 2-Décembre ! Ma foi, vivons, faisons des affaires, tripotons dans les actions de zinc ou de chemin de fer, gagnons de l'argent ; c'est ignoble mais c'est excellent ; un scrupule de moins, un louis de plus ; vendons toute notre âme à ce taux ! On court, on se rue, on fait antichambre, on boit toute honte, et si l'on ne peut avoir une concession de chemin en France ou de terrain en Afrique, on demande une place. Une foule de dévouements intrépides assiègent l'Élysée et se groupent autour de l'homme. »

Peu enclin aux emportements lyriques et préférant les diagnostics froids et cliniques, Karl Marx dresse le même constat, dans *Le 18 Brumaire de Louis Bonaparte* (1852). Évoquant l'élection de Louis-Napoléon à la présidence de la République, le 10 décembre 1848, et se moquant de l'activisme des sociétés bonapartistes, notamment celle du « 10-Décembre », qui voient peu après le jour et militent en faveur d'une réforme constitutionnelle autorisant une réélection du président, il s'indigne des réseaux qui se mettent alors en place : cette « société du 10-Décembre », dit-il, était une « société de bienfaisance, en ce sens que tous les membres, tout comme Bonaparte, sentaient le besoin de se venir en aide à eux-mêmes aux dépens de la nation laborieuse ».

Il ajoute : « Ce n'est que sous le second Bonaparte que l'État semble être devenu complètement indépendant. La machine d'État s'est si bien renforcée en face de la société bourgeoise qu'il lui suffit d'avoir à sa tête le chef de la société du 10-Décembre, chevalier de fortune, venu de l'étranger, élevé sur le pavois par une soldatesque ivre achetée avec de l'eau-de-vie et du saucisson, et à laquelle il lui faut constamment en jeter à nouveau. » Et, pour bien marquer la corruption de ce régime, Marx ponctue à plusieurs reprises sa démonstration de ce mot d'ordre, sorte de cri de ralliement et de gratitude de tous les membres de cette « société du 10-Décembre » : « Vive Napoléon. Vive le saucisson ! »

Nomination aux postes publics, prébendes, honneurs multiples : tout est bon au despote pour se faire de nouveaux obligés. Dans *La France de 1848 à 1870*, l'historien Éric Anceau note que les premiers servis sont ceux qui l'ont aidé à renverser la République : « Le président récompense ceux qui l'ont soutenu lors du coup d'État. Les colonnes du *Moniteur* sont ainsi remplies de promotion de la Légion d'honneur. Les militaires prennent du galon et leur participation à la répression de décembre 1851 leur vaut un an de service supplémentaire. »

Quand le Second Empire s'installe – ce « paradis des envieux et des médiocres », comme dit Alexis de Tocqueville – le système se peaufine et les accusations de corruption ou de népotisme se généralisent. Ces critiques sont souvent proférées à l'époque, d'abord dans les milieux qui combattent l'Empire, ceux des révolutionnaires ou des proscrits, mais pas exclusivement.

Au même moment, les frères Goncourt, Edmond (1822-1896) et Jules (1830-1870), portent un jugement sévère sur la cour de « parvenus » qui entoure l'empereur – « une cour de hasard et d'aventure, à beaux noms tout neufs, à titres frais volés, une cour de parade et de cohue traversée », s'indignent-ils. Le très réactionnaire comte Horace de Viel-Castel (1802-1864), qui tient son journal durant une bonne partie du Second Empire et qui le publie dans des *Mémoires* célèbres, décrit lui aussi, dans les mêmes termes, le monde dans lequel il évolue : « Chacun se prépare à la curée des places et des pensions. Tout le monde voudrait être sénateur ou au moins conseiller d'État. Grand désappointement Il y a aujourd'hui les ultras de l'Empire comme il y avait, en 1814 et 1815, les ultras de la royauté. Ces gens-là sont surpris de voir que le coup d'État du 2-Décembre n'ait pas été accompli exclusivement en leur faveur », note-t-il au retour d'une soirée mondaine, le 4 février 1852. Alexandre Dumas (1802-1870), lui-même, porte le même genre d'estocade, en prose mais aussi en vers :

Dans leurs fastes impériales
L'oncle et le neveu sont égaux
L'oncle prenait des capitales
Le neveu prend nos capitaux

Ce régime se distingue par sa vénalité. C'est l'époque où le capitalisme français prend son essor, déchaînant des spéculations effrénées. Les premiers des affairistes sont les obligés du Palais, qui ne ratent aucune des fêtes impériales, du duc de Morny (1811-1865), le demi-frère de l'empereur, que l'on trouve dans toutes les affaires véreuses, au banquier escroc Jules Mirès (1809-1871), ainsi que le célèbre baron Haussmann (1809-1870), connu pour la transformation de Paris, mais qui mériterait de l'être aussi pour ses spéculations poisseuses.

Ces jugements sont-ils trop sévères, entretiennent-ils une légende noire du Second Empire, qui par certains traits serait exagérée ? Laissons les historiens démêler la question. Ce qui est troublant, c'est qu'à chaque fois que le bonapartisme tient le haut du pavé le même soupçon prend forme. Ainsi François Mitterrand (1916-1996) reprend-il cette thématique, développée dans *Le Coup d'État permanent* (1964), d'un bonapartisme sans foi ni loi. Il n'use pas de la formule hugolienne de « chevalier de fortune », il évoque une « aventure » qui ne vaut guère mieux : « Le gaullisme vit sans lois. Il avance au flair. D'un coup d'État à l'autre, il prétend construire un État, ignorant qu'il n'a réussi qu'à sacraliser l'aventure. »

Ce procès-là est récurrent, tout au long de la présidence de Charles de Gaulle (1959-1969), puis de Georges Pompidou (1969-1974) : le procès d'un régime constitué sur le modèle de la « société de bienfaisance » dont parle Marx, favorisant des réseaux d'amis. À ce moment-là, ce n'est plus de « l'eau-de-vie et du saucisson » qu'accaparent les obligés du système, mais la spéculation foncière qui aiguise leurs appétits. C'est si vrai que même Charles de Gaulle, à la probité irréprochable, finit par en être éclaboussé, ce système d'entraide ayant été baptisé de son nom : « gaullisme immobilier ». C'est en partie à cause de ces polémiques que le parti gaulliste est de plus en plus critiqué et que son crédit chute dans l'opinion. Profitant du scandale de la Garantie foncière (une société civile de placement immobilier au centre de manœuvres frauduleuses) dans lequel était impliqué un député gaulliste sous Georges Pompidou, les giscardiens s'empressent de dénoncer l'affairisme ambiant. On se souvient de la charge violente, en 1972, de Michel Poniatowski (1922-2002), le frère d'armes de Valéry Giscard d'Estaing, contre « les copains et les coquins » qui profitent du pouvoir afin d'en tirer avantage pour eux-mêmes. Avec quelques autres, cette affaire immobilière pèse dans la campagne présidentielle qui suit la mort de Georges Pompidou ; elle contribue à l'envie de changement dont profite Valéry Giscard d'Estaing en 1974, et dont pâtit son rival du parti gaulliste, Jacques Chaban-Delmas (1915-2000).

« Société de bienfaisance », « société du 10-Décembre », « copains et coquins »... Les époques changent mais la même accusation revient, suggérant que ce type de pouvoir personnel (le présidentialisme de la Ve République, que l'on doit à de Gaulle, lui-même inspiré du bonapartisme) engendre les mêmes dérives : non pas servir, mais se servir ; servir ses amis au lieu de servir le pays... Il ne s'agit pas d'être candide : à toutes les époques, ces questions de copinage, de clientélisme ou de corruption ont toujours été brandies – et souvent avec des arrière-pensées. Les partisans déçus de la monarchie de Juillet ont ainsi longtemps entretenu la légende noire d'un Napoléon III corrompu et aventurier, dans l'espoir d'une restauration qui n'est plus jamais venue – alors que cette monarchie de Juillet était en matière de morale loin d'être irréprochable, manifestant un égoïsme social rare, débouchant sur la révolution de 1848.

Plus près de nous, la violence d'un Michel Poniatowski et de quelques autres contre l'« État-UDR » était tout sauf innocente, les giscardiens préparant la campagne de leur champion. En outre, par ricochet, cette bataille giscardienne a servi de marchepied à Jacques Chirac pour assassiner politiquement son « compagnon » Jacques Chaban-Delmas et prendre par surprise le contrôle de l'appareil du parti néogaulliste. Avant d'accéder une première fois en 1974, grâce à VGE, au poste de Premier ministre.

Or il ne fait guère de doute que ces traits sulfureux du capitalisme français perdurent au cours des décennies les plus récentes. Le capitalisme du Fouquet's, qui prospère sous Nicolas Sarkozy, entretient cette tradition : présents à la soirée de célébration de la victoire de leur champion le 6 mai 2007, les milliardaires amis du régime y seront remerciés. De Vincent Bolloré (patron du groupe du même nom) à Édouard de Rothschild (à l'époque propriétaire du journal *Libération*), en passant par Bernard Arnault (patron du géant du luxe LVMH, acquéreur du journal *Les Échos* et ultérieurement du *Parisien*, et premier témoin de mariage de Nicolas Sarkozy), Martin Bouygues (patron du groupe du même nom, propriétaire de TF1 et second témoin de ce même premier mariage, ainsi que parrain de Louis, l'un des fils du président), Antoine Bernheim (1924-2012, le patron propriétaire du groupe Generali, figure tutélaire du capitalisme parisien), Albert Frère (la première fortune de Belgique, qui figure aussi parmi les actionnaires de quelques-uns des plus grands groupes français, dont Suez ou encore Total), Arnaud Lagardère (patron du groupe du même nom qui se présente comme le « frère » de Nicolas Sarkozy), sans oublier l'inévitable Alain Minc (alors président du conseil de surveillance du *Monde,* conseiller de l'ombre de Nicolas Sarkozy et de quelques-uns de ces P-DG propriétaires). Tous tireront avantage de la présidence sarkoziste. Par les privatisations qui sont décidées, par la suppression de la publicité sur les écrans publics au profit des recettes des acteurs privés, par la déréglementation des jeux en ligne qui viendra enrichir les nouveaux acteurs.

De cet entrelacs d'intérêts publics et privés, Nicolas Sarkozy devient à son tour, au soir de ce 6 mai 2007, le porte-drapeau. Il s'organise en conséquence : ses principaux collaborateurs, qu'il choisit de placer aux postes stratégiques du fonctionnement de l'État quand il accède à l'Élysée, sont emblématiques de cette « société du 6-Mai ». Ce ne sont pas, pour les plus importants d'entre eux, des hauts fonctionnaires classiques au service de l'État, issus de l'une des grandes directions des ministères ou de l'Inspection des finances. Non, ce sont des « rétropantoufleurs » – avant qu'Emmanuel Macron ne généralise la pratique –, des proches de Nicolas Sarkozy, venus de quelques-uns des milieux d'affaires où il grenouille.

Passé par l'Inspection des finances, Stéphane Richard, que le chef de l'État place comme directeur de cabinet de Christine Lagarde, est l'un de ceux-là. Ancien patron du pôle immobilier de la Générale des eaux dirigée par Jean-Marie Messier, il a connu Nicolas Sarkozy au lendemain de 1995 et l'a fait travailler comme avocat. Quand Jean-Marie Messier, dans sa folle fuite en avant, rêve d'une boulimie d'achats aux États-Unis et prépare la transformation de son groupe en Vivendi Universal, Stéphane Richard est chargé de vendre le pôle immobilier qu'il dirige. Ce qu'il ne fait pas : préférant réaliser une bonne affaire plutôt que d'en faire profiter un quidam de la place, il tire avantage du fait que Jean-Marie Messier veut vendre rapidement et à bon marché pour opérer un LBO (un rachat par endettement avec effet de levier). Avec d'autres cadres du pôle immobilier, il emprunte (4,8 millions de francs dans son cas) à sa banque et rachète la division, qui donne naissance au promoteur immobilier Nexity. En moins de trois ans, Stéphane Richard fait fortune et se retrouve à la tête d'un pactole qui dépasse 30 millions d'euros !

Au cœur de toutes les grandes décisions économiques et financières de l'État, Nicolas Sarkozy installe l'un de ses proches amis aux commandes de l'immense machine de Bercy. Cinq ans auparavant, en 2002, c'est lui, comme maire de Neuilly, qui avait procédé à son mariage. Le 23 octobre 2006, c'est lui encore, en qualité de ministre de l'Intérieur, qui lui avait remis, Place Beauvau, la Légion d'honneur, en faisant un discours qui avait interloqué son auditoire : « Tu es riche, tu as une belle maison [...]. Tu as fait fortune. Peut-être plus tard y parviendrai-je moi-même », avant de féliciter Stéphane Richard pour un aussi beau parcours, d'une formule : « C'est la France que j'aime. » Des mots qu'Emmanuel Macron pourrait prononcer à son tour.

On connaît la fin de l'histoire. Remercié de son soutien, Stéphane Richard est par la suite nommé P-DG du groupe Orange. Simplement les choses tournent mal :

pour avoir obéi trop fidèlement aux instructions de l'Élysée, il est finalement renvoyé en correctionnelle dans le cadre du scandale Tapie pour complicité d'escroquerie et détournement de fonds publics.

François Pérol, l'autre grand conseiller de Nicolas Sarkozy pour les affaires économiques, devient à la même époque, en mai 2007, secrétaire général adjoint de l'Élysée. Lui aussi a un profil qui en dit beaucoup sur cette « société du 6-Mai ». Son port d'attache, c'est Rothschild, une banque au cœur du dispositif présidentiel et, plus largement, l'épicentre dans les milieux d'affaires des réseaux balladuro-sarkozistes. Ancien directeur de cabinet d'Édouard Balladur, Nicolas Bazire (témoin du deuxième mariage de Nicolas Sarkozy) y a été associé-gérant, avant de devenir le bras droit de Bernard Arnault, le patron de LVMH et l'un des convives du Fouquet's – et témoin du premier mariage de son ami Nicolas. C'est aussi la banque dont l'un des actionnaires, Édouard de Rothschild, sur le conseil d'Alain Minc (et à la demande de Nicolas Sarkozy), a acheté le quotidien *Libération*.

Nicolas Sarkozy est si proche de la banque d'affaires que le patron de l'établissement, David de Rothschild (demi-frère d'Édouard), lui a même fait la proposition, au lendemain de la défaite d'Édouard Balladur à la présidentielle de 1995, d'entrer dans le saint des saints du capitalisme français et de devenir associé-gérant. Les quelques rares dans la confidence se souviennent de la façon dont Nicolas Sarkozy leur avait expliqué son refus : « En politique, j'irai au plus haut. Après, mais après seulement, je ferai de l'argent... »

L'arrivée à l'Élysée de François Pérol, ex-associé-gérant de Rothschild et Cie, est hautement révélatrice, comme celle de Stéphane Richard à Bercy. L'ex-banquier devenu conseiller est au cœur de la vie parisienne des affaires. Ancien banquier conseil de la Caisse des dépôts, à l'époque où celle-ci était en guerre avec les Caisses d'épargne, il a abandonné son client parapublic pour se mettre, on l'a dit, au service de Natixis.

Avec Nicolas Sarkozy, le capitalisme de connivence revient en force, alors qu'on le disait de plus en plus ébranlé par les coups de boutoir des marchés et de la mondialisation.

Le dispositif en interne, à l'Élysée, est complété par un dispositif externe : plusieurs conseillers privés ont leurs entrées au Château. Le premier d'entre eux, l'inévitable Alain Minc, l'entremetteur du capitalisme parisien, ex-président du conseil de surveillance du *Monde*, a fait ses classes à l'Inspection des finances, et a pour clients quelques-unes des grandes fortunes présentes au Fouquet's. Relais assidu entre ces grands clients et le chef de l'État, prodiguant ses conseils aux uns comme à l'autre, flairant les bonnes affaires pour les offrir à ses riches clients, relisant et amendant un discours pour son ami président, il symbolise à lui seul cette « société du 6-Mai ».

Patron déchu de Vivendi Universal, Jean-Marie Messier, également passé par l'Inspection des finances, est un autre de ces visiteurs réguliers de l'Élysée. Conseiller au cabinet d'Édouard Balladur en 1986, c'est un des hauts fonctionnaires qui, dans la déferlante des années Reagan et Thatcher, a organisé la grande vague des privatisations en France (1986-1988) avant de rejoindre la banque Lazard, puis la Générale des eaux. Intime de Nicolas Sarkozy, il l'a aussi enrôlé comme avocat lors de sa traversée du désert, après 1995. Au lendemain de la présidentielle de 2007, le patron en disgrâce retrouve le chemin du Palais et devient l'un des obligés du président. Discret au début – ce qui, comme on sait, n'est pas dans sa nature – l'ex-grand patron, banquier d'affaires pour sa structure Messier Partners, l'est de moins en moins. Et on commence à le voir plus souvent lors des déplacements du chef de l'État, par exemple à Toulon, le 25 septembre 2008.

C'est plus que jamais un capitalisme opaque dont la France est prisonnière. Cela explique le comportement de l'Inspection des finances. Pourquoi la haute fonction publique française aurait-elle été vertueuse et aurait-elle professé des vertus républicaines de désintéressement, alors que les classes dirigeantes ont rarement donné l'exemple, cherchant à débaucher ses membres les plus éminents sinon à les corrompre ? Le capitalisme à la française a sans doute eu la haute fonction publique qu'il méritait. Une haute fonction publique vénale, attirée par l'argent.

Ce système, qui a prévalu sous Nicolas Sarkozy, croit-on qu'il a cessé depuis ? Emmanuel Macron vit depuis de longues années à la confluence d'univers multiples, de la haute fonction publique, de la politique et de la vie des affaires, sautant de l'un à l'autre, tirant avantage de ses positions dans l'un pour le faire fructifier dans l'autre. Que l'on se souvienne de son parcours.

Entrant à l'Inspection des finances en 2004, il est repéré par Jacques Attali, qui l'installe en août 2007 comme rapporteur adjoint de la commission qu'il pilote pour « libérer la croissance française » – car, c'est bien connu, elle était jusque-là prise en otage.

De sa présence au sein de cette commission, qui au mois de janvier suivant préconise 316 propositions toutes plus libérales les unes que les autres dans le but de dynamiter le modèle social, le jeune inspecteur des finances va faire un formidable investissement, car cette commission Attali lui sert de rampe de lancement. Il s'y fait connaître, rencontre des journalistes et devient ami avec des figures du monde des affaires. Peu de temps après, il se met en disponibilité et décide, en septembre 2008, de pantoufler à la banque Rothschild. Il peut même, nommé associé-gérant de l'une des deux plus grandes banques d'affaires parisiennes, piloter des opérations financières d'envergure. Par exemple, devenu ami avec Peter Brabeck, le patron de Nestlé, lors des réunions de travail de la commission Attali, c'est lui que ce dernier engage comme banquier conseil pour piloter le rachat par son groupe de la filiale de lait infantile de Pfizer, en 2012.

À cette époque, les faits d'armes d'Emmanuel Macron ne s'arrêtent pas là. Dans *Main basse sur l'information*, j'ai raconté comment le jeune associé-gérant de la banque Rothschild vient, sourire aux lèvres, rencontrer les journalistes en charge de la Société des rédacteurs du *Monde* (SRM) au printemps 2010, pour leur proposer de les conseiller bénévolement à la veille du rachat de leur quotidien. Proposition que les journalistes ont le tort d'accepter car ils découvriront, peu après le vote de la rédaction en faveur de l'offre de rachat déposée par le trio BNP (Bergé, Niel et Pigasse), que l'aimable banquier est en réalité un « agent double » qui a des relations secrètes avec le camp adverse, celui du patron de *L'Obs*, Claude Perdriel, soutenu en sous-main par

Alain Minc et Nicolas Sarkozy. Pour bénévole qu'il soit, le banquier a dupé ses clients. Une pratique dont on ne se remet pas aux États-Unis mais qui est monnaie courante dans la cour de récréation parisienne.

Toujours à la même époque, comme le rapporte Vincent Jauvert dans *Les Intouchables d'État*, Emmanuel Macron réalise une autre prouesse, en établissant une amitié mutuellement utile avec Antoine Gosset-Grainville. Lui aussi est un expert des allers et retours fructueux. Inspecteur général des finances, il pantoufle une première fois en 2002, en passant dans le très influent cabinet d'avocats Gide, dont il dirige le bureau bruxellois. Puis, en 2007, marche arrière : il devient le directeur adjoint de cabinet de François Fillon à Matignon, jusqu'en mars 2010, date à laquelle il rejoint la Caisse des dépôts comme numéro deux. Avant de passer d'une fonction à l'autre, il propose à l'un de ses proches, inspecteur général des finances comme lui, de lui succéder à Matignon : il s'agit d'Emmanuel Macron, qui finalement décline l'offre, préférant rallier la banque Rothschild. En mars 2013, deuxième pantouflage : Antoine Gosset-Grainville retourne dans le privé pour fonder un cabinet d'avocats, BGDS (le G, c'est « Gosset-Grainville »), spécialisé dans les fusions-acquisitions, lequel cabinet a la particularité de travailler beaucoup pour l'État et pour certaines entreprises publiques.

Notre confrère s'en amuse et relève que c'est même consigné noir sur blanc dans la plaquette de présentation de BGDS : le cabinet, lit-on, « bénéficie d'une position unique grâce aux relations de ses associés avec les autorités publiques françaises et communautaires du fait notamment des fonctions passées d'Antoine Gosset-Grainville ». Tant et si bien que, dès 2014, BGDS est déjà un cabinet important, et Antoine Gosset-Grainville cultive avec applications ses réseaux. Cette même année, le cabinet offre ainsi un bureau pendant quelques semaines à Emmanuel Macron, quand il quitte l'Élysée. Il entretient aussi des relations de grande proximité avec Alexis Kohler, nommé en mai 2017 secrétaire général de l'Élysée. Et, en septembre 2017, avant que l'hypothèse Éric Lombard ne soit envisagée, à qui Emmanuel Macron et Alexis Kohler proposent-ils de devenir directeur général de la CDC ? À Antoine Gosset-Grainville. Même s'il décline la proposition, elle en dit long sur ce capitalisme de la barbichette : « Je te tiens, tu me tiens, rendons-nous des services mutuels… »

L'Inspection des finances est l'une de ces « sociétés de bienfaisance » dont parle Marx : une société d'entraide pour les inspecteurs des finances qui, dans le privé comme dans le public, se font mutuellement la courte échelle pour arracher prébendes ou avantages. C'est la société d'autobienfaisance de l'oligarchie du ministère des Finances, qui défend perpétuellement les mêmes intérêts : les siens en même temps que ceux de la finance. Les temps ont changé, les mœurs sont restées les mêmes. « Vive Napoléon ! Vive le saucisson ! », criaient hier les soutiens du régime. « Vive Macron ! Vive les stock-options ! », pourraient s'enthousiasmer aujourd'hui leurs lointains successeurs…

De cette « abominable vénalité » de la haute fonction publique et notamment de l'Inspection des finances, le père de l'impôt sur le revenu, Joseph Caillaux (1863-1944) a, en d'autres temps, dans ses

Mémoires, donné une illustration : « De toute façon, il me fallait augmenter mes ressources. Je n'étais pas embarrassé pour y parvenir, je n'avais qu'à me baisser pour y choisir parmi les conseils d'administration qui s'offraient à l'ancien ministre, surtout à l'ancien inspecteur des finances que j'étais. » Mais cette vénalité n'a, en réalité, jamais changé.

On comprend donc en quoi l'interpellation de Marc Bloch prend, longtemps après qu'il l'eut formulée, une si forte résonance. Car assurément la haute fonction publique française a rarement été porteuse de l'idéal républicain et s'est plus souvent inscrite dans une tradition monarchique ou oligarchique. C'est ce qu'établissent les comportements de cette oligarchie sous le quinquennat d'Emmanuel Macron. On comprend aussi pourquoi, quand la République se refonde à la Libération, il est un moment question de supprimer l'Inspection des finances.

Dans ce projet, il y a, bien sûr, la marque des terribles événements que le pays a traversés. Dans les années 1930, Marc Bloch n'est pas le seul à pointer les dérives de la haute fonction publique. Les critiques pleuvent de toutes parts. L'historienne Nathalie Carré de Malberg rappelle que, dans un rapport au président de la République sur les conditions d'entrée à la Cour des comptes, daté du 15 novembre 1936, Vincent Auriol (1884-1966), ministre des Finances du gouvernement de Léon Blum (1872-1950), fait cette remarque liminaire : « Le recrutement des élites est l'un des problèmes essentiels que pose le fonctionnement d'une démocratie. »

À la Libération, le débat est encore plus vif, compte tenu du comportement de l'Inspection des finances pendant la guerre et l'Occupation nazie. Comme le raconte la journaliste Ghislaine Ottenheimer dans son livre sur l'Inspection, celle-ci est alors gravement mise en cause. « L'heure est à une remise en cause du capitalisme jugé responsable de la crise de 1929, explique-t-elle. Or l'Inspection incarne non seulement l'orthodoxie libérale mais tout simplement le monde des affaires, l'oligarchie financière [...]. La presse résistante fustige ce symbole de la France des notables qui n'a pas participé à la Libération, armes à la main. Des personnalités comme Jean Monnet [1888-1979] critiquent ouvertement l'institution. Gaston Cusin [1903-1993], délégué du gouvernement provisoire à l'Économie nationale en 1945, déclarera en 1977, devant le Comité d'histoire de la Seconde Guerre mondiale : "L'inspection avait, à nos yeux, fait faillite. Avant la défaite, elle n'avait pas mis le pays en état de faire cette guerre, parce qu'elle croyait aux vertus philosophiques d'un libéralisme d'école. Pendant la guerre, elle s'était souvent mal conduite, ne découvrant les vertus de l'économie dirigée qu'au bénéfice de l'occupant." » Au total, neuf inspecteurs des finances sont épurés à la fin de la guerre. Ce climat d'hostilité fournit des armes aux détracteurs de l'Inspection des finances.

Toutefois, ce projet de supprimer ce grand corps de l'État est davantage qu'une revanche contre le régime de Vichy et ceux qui l'ont soutenu. Plus profondément, ses initiateurs font à l'encontre de l'Inspection des finances des critiques semblables à celles de Marc Bloch : par sa nature, ce service de l'État ne correspond pas à l'idéal républicain.

Nathalie Carré de Malberg l'écrit : « Le 9 avril 1946, un projet de loi est adopté en Conseil des ministres sur le contrôle des finances publiques. Son article 11 précise : “L’Inspection générale des finances et le corps des contrôleurs des dépenses engagées sont dissous à compter du 1er juin 1946.” La réforme est présentée pour des motifs de rationalisation mais cela intervient sur fond de très vives critiques contre l’IGF. »

Pourtant, le projet n’aboutit pas – et pas à cause des milieux d’argent. Le Parti communiste se drape dans une posture patriotique, qui le conduit à de stupéfiants errements. Considérant que la « grève est l’arme des trusts » ou encore qu’il ne faut qu’« une seule armée, une seule police, un seul État », c’est lui, avec d’autres, qui se met au travers du projet de suppression de l’Inspection des finances. Car le stalinien secrétaire général du PCF, Maurice Thorez (1900-1964), occupe une fonction clé : ministre de la Fonction publique. L’historienne Nathalie Carré de Malberg raconte ainsi qu’à une délégation de l’Association des inspecteurs des finances, venue le rencontrer pour essayer de torpiller le projet de suppression, Maurice Thorez apporte cette assurance apaisante : « Nous, communistes, nous croyons plus que quiconque à la nécessité d’un État fortement structuré, et croyez bien que, si nous étions un jour les maîtres, l’Inspection des finances aurait devant elle des perspectives particulièrement brillantes. » En juin 1946, le projet de suppression de l’Inspection générale des finances est enterré.

Or ce débat-là, assurément, il faudra un jour le rouvrir. En souvenir de Marc Bloch. Pour refonder l’idéal républicain et œuvrer à la formation d’élites publiques qui n’aient qu’un seul souci : les « intérêts communs ».

Les croisés de la pensée unique

Dans l'histoire politique et sociale française, certaines figures sont, hélas, tombées dans l'oubli. C'est le cas d'Arthur Arnould (1833-1895). Hormis les historiens, qui se souvient de ce journaliste qui combattit de toute sa vigueur la tyrannie du Second Empire et qui, au lendemain de la proclamation de la République, le 4 septembre 1870, devint maire adjoint du IVe arrondissement de Paris avant d'être élu au Conseil de la Commune ? Réfugié en Suisse lorsque la réaction versaillaise se déchaîne, il écrit des années plus tard, de son exil, un essai sur *L'État et la Révolution* (1877), et il a cette formule : « Le despotisme anonyme d'une oligarchie est quelquefois aussi effroyable et plus difficile à renverser que le pouvoir personnel aux mains d'un bandit. »

Si nous sommes enclins à reprendre cette charge à notre compte, c'est que les dégâts démocratiques commis par l'oligarchie de Bercy ne se limitent pas à l'OPA sur une bonne partie de la vie parisienne des affaires grâce aux privatisations ou encore, comme par un choc en retour, à la colonisation des postes clés de la République par les oligarques de la finance, issus de l'ENA ou de l'Inspection des finances. Il y a aussi un acte de prédation presque plus grave, commis sur la pensée. Car le ministère des Finances n'a pas toujours été ce temple de la pensée unique ; en d'autres temps, ce fut même un lieu qui favorisait le débat public et admettait les points de vue contradictoires.

Cette époque est révolue. Les gouvernements successifs, de droite et de gauche, se sont convertis au détestable diktat TINA de Margaret Thatcher (TINA, pour « *There is no alternative* », « Il n'y a pas d'alternative »), après que la haute fonction publique française de Bercy fut tombée sous le charme de la doctrine libérale, dans le courant des années 1980, et eut joué un rôle majeur dans la tyrannie qu'elle a progressivement fait peser sur la conduite de la politique économique et sociale. Sans doute n'est-ce pas la seule raison de l'émergence de cette pensée unique ; il y a eu, aussi, le renoncement des politiques, de gauche comme de droite, à assumer des projets alternatifs.

Mais la haute fonction publique de Bercy a joué un rôle majeur dans l'extinction du débat et de la controverse économique. Terrible basculement. L'économie n'est pas une science exacte mais une branche des sciences sociales dont la richesse dépend du pluralisme de ses approches. L'économie doit permettre aux citoyens de mesurer en connaissance de cause la part de choix qu'ils ont dans la conduite de la cité. Pourtant, à rebours de ces évidences, l'oligarchie de Bercy a joué un rôle moteur pour installer la plus dangereuse des doxas : « Il n'y a qu'une seule politique économique possible ! » C'est en cela que la formule d'Arthur Arnould est aussi pertinente : « le despotisme anonyme » de notre oligarchie est d'autant plus

« effroyable » et « difficile à renverser » qu'elle s'est aussi appliquée à discréditer les outils intellectuels permettant de contester la légitimité de son action.

Il est important de comprendre comment cette tyrannie intellectuelle s'est installée. D'autant plus important que ce prêt-à-penser de Bercy est celui où Emmanuel Macron puise aujourd'hui son inspiration. Les obsessions de la caste servent au chef de l'État de boîte à outils pour dessiner ses réformes. En substance, la victoire du macronisme est aussi la conséquence de ce hold-up sur les esprits. Il faut donc en comprendre la genèse.

Sans remonter très loin, il fut un temps, au début de la Ve République, où le libre débat autour des politiques économiques était non seulement toléré dans les sommets de l'État mais encouragé. Malgré l'arrogance qui colle aux grandes administrations du ministère des Finances, au milieu des années 1960, les hauts fonctionnaires affichaient des convictions qui n'étaient pas monocolores et ils assumaient publiquement leur diversité. Aussi, quand le ministre leur demandait des notes techniques avant de rendre un arbitrage, ils n'hésitaient pas, en cas de désaccord entre eux, à lui adresser plusieurs notes, défendant diverses orientations. Ce qui est évidemment une richesse, car ledit ministre peut de la sorte mieux appréhender le champ des possibles. Et ce qui était démocratiquement sain puisque le rôle des « technos » et celui des « politiques » étaient bien balisés : aux premiers la charge de préparer au mieux les arbitrages et de mettre sur la table le champ des possibles ; aux seconds celle de trancher. C'est en somme une culture de la décision publique qui réhabilite le rôle des politiques, lesquels ne sont pas les prisonniers, conscients ou non, de la technostructure. Laquelle technostructure a le droit, et même le devoir, de proposer aux politiques des solutions multiples.

Un exemple, celui de la direction de la prévision du ministère des Finances – la « DP » dans le jargon des technos – est révélateur de ce pluralisme qui prévaut encore dans les années 1960 et 1970. Par un décret en date du 9 juillet 1965, le ministre des Finances Valéry Giscard d'Estaing crée cette direction de la prévision, dont il confie la responsabilité à un fonctionnaire de renom, Jean Saint-Geours (1925-2015). Il y a dans cette décision une part de calcul politique : comme le Plan, qui est l'organisme chargé de réfléchir aux évolutions de long terme, vient d'être rattaché à Matignon, la création de la DP est une riposte du ministère des Finances pour avoir en son sein un organisme de prospective.

Mais la direction de la prévision devient rapidement un organisme divers, pluraliste, où les hauts fonctionnaires ont le droit de penser librement. Mieux, ils y sont encouragés. Il y a donc pêle-mêle dans cet étrange *think tank* public des hauts fonctionnaires de droite, beaucoup de communistes, des fonctionnaires proches du Parti socialiste unifié (PSU) ou de son prédécesseur, le Parti socialiste autonome (PSA). Inspecteur des finances, Michel Rocard est ainsi de l'aventure et devient en 1965 secrétaire général de la commission des comptes et des budgets économiques de la nation qui, à l'époque, jouit d'une grande réputation.

Au nombre des communistes, il y a Anicet Le Pors, en charge du bureau de l'industrie à la DP, après avoir fait ses premiers pas à la Météorologie nationale, et qui sera par la suite l'un des quatre ministres communistes du gouvernement de Pierre Mauroy (1928-2013). Il y a aussi l'économiste Philippe Herzog, qui a fait ses classes à l'Insee, ainsi qu'un autre de ses camarades, Gaston Olive, diplômé de l'École normale supérieure. Signe des temps – et du pluralisme qui prévaut – le premier modèle de prévision économique dont se dote la DP se dénomme « Zogol », contraction des noms ses deux concepteurs communistes : Philippe Herzog et Gaston Olive.

Certes, à ce curieux attelage, qui voit des hauts fonctionnaires communistes travailler avec entrain pour le régime gaulliste, il y a une explication de circonstance : c'est l'époque des politiques industrielles volontaristes, avec à la clé le lancement de plans sectoriels ambitieux, comme le « Plan calcul » et quelques autres ; le PCF prête volontiers la main à cette ambition qui recoupe la sienne. Mais, au-delà de ces circonstances particulières, un esprit de tolérance et de pluralisme règne au sein de la DP, qui a longtemps été sa marque de fabrique et constitutive de son identité.

Pour prendre la mesure du lien entre ces hauts fonctionnaires de sensibilités différentes mais attachés à la défense de l'intérêt général, il faut lire le très beau texte que Pierre Joxe a publié sur Mediapart, le 7 juillet 2016, à la mémoire de Michel Rocard. Dans l'hommage qu'il rend à son camarade, Pierre Joxe s'attarde longuement sur les années 1960 : « Le service de l'État, dans cette France à peine reconstruite, la définition et l'exécution d'une action économique orientée à la fois vers l'équipement, la croissance et le progrès social, ce fut la mission passionnante et mobilisatrice de plusieurs centaines de hauts fonctionnaires économistes, ingénieurs, statisticiens et bien d'autres, qui orientaient tout le service public et ses milliers de fonctionnaires vers les missions d'intérêt général et le progrès. J'ai eu la chance d'y participer. Les chefs de file, nos maîtres à penser, s'appelaient Pierre Massé, commissaire au Plan ; Jean Ripert, son adjoint ; Claude Gruson, à la tête de l'Insee ; François Bloch-Lainé à la Caisse des dépôts ; Jean Saint-Geours, au Trésor – bientôt premier directeur de la prévision. Il y avait aussi, dans leur sillage, quelques jeunes individus prometteurs, comme un certain Michel Rocard. Il fut bientôt chargé de la prestigieuse *commission des comptes et des budgets économiques de la nation*, précieux outil d'action publique. »

Il ajoute : « Tous ces serviteurs de l'État – aujourd'hui disparus – étaient d'anciens résistants animés par trois idéaux : le bien commun, la justice sociale, le patriotisme. Tous étaient plus ou moins imprégnés des idées du vieux courant du "christianisme social", né au XIXe siècle face aux inégalités croissantes engendrées par le capitalisme et adeptes du "planisme" du Front populaire. Tous étaient "mendésistes". Beaucoup étaient protestants, mais les catholiques comme Bloch-Lainé étaient leurs cousins et les francs-maçons… leurs frères. »

Compte tenu de ce que le ministère des Finances devient progressivement au cours des décennies suivantes, on peine à concevoir, avec le recul, qu'une telle conception pluraliste ait pu y exister dans le passé. Et pourtant, si. Cette tradition a perduré assez longtemps. Jeune journaliste économique, j'en ai pris la mesure : je lisais avec grand intérêt toutes les notes de travail que la DP produisait. Elle publiait également des études réalisées par d'autres experts que ceux travaillant en son sein, si elle estimait que ces études pouvaient éclairer le débat public. C'est ainsi que j'ai rendu compte dans *Le Monde*, du temps où j'y travaillais, d'une étude de la DP qui m'avait passionné, peu en phase avec la doxa dominante, sur la fiscalité – étude réalisée par un jeune économiste encore inconnu, Thomas Piketty. Ce qui serait de nos jours inconcevable.

Épilogue de l'histoire : en 2004, la direction de la prévision est absorbée par la direction du Trésor, qui se transforme en direction générale du Trésor. C'est tout un symbole, avec la finance qui avale la prospective. C'est l'acte de décès officiel de la DP, même si la gangrène de la pensée unique s'est propagée bien avant, dans toutes les directions de ce ministère.

Que se passe-t-il pour que cette tradition de pluralisme soit remise en cause et qu'une autre, intolérante, prenne le relais à partir des années 1980 ? C'est d'abord l'onde de choc de la vague néolibérale qui, venue de l'Amérique de Ronald Reagan et de la Grande-Bretagne de Margaret Thatcher, submerge l'Europe et particulièrement la France. Le séisme en provoque un autre : les socialistes français qui viennent d'accéder au pouvoir ne tardent pas, lors du tournant de la « rigueur » des années 1982-1983, à se rallier au culte des grands équilibres, avec la foi des nouveaux convertis. Pourchassant les hérétiques qui ne croient pas aux dogmes du « franc fort » ou de la « désinflation compétitive » – appellation savante d'une politique d'austérité salariale –, ils sont les premiers à installer en France l'idée folle – et démocratiquement désastreuse – qu'il n'y a qu'une seule politique économique possible – ce que Pierre Bérégovoy, le célèbre « Pinay de gauche », ne cesse de marteler. Commence alors une période sidérante où les marxistes, les keynésiens, les néokeynésiens, les schumpétériens, bref, tous ceux qui n'appartiennent pas au courant *mainstream*, sont menacés du bûcher s'ils n'abjurent pas leur croyance pour honorer les seuls maîtres à penser de cette nouvelle Inquisition, Milton Friedman (1912-2006) ou Friedrich Hayek (1899-1992), les papes du néolibéralisme.

En tant que journaliste, je pourrais en parler interminablement car, à la même époque, la presse économique connaît une vague d'intolérance similaire. Il faut presque porter un nœud papillon ou une chemise à col bicolore pour être crédible, applaudir des deux mains les privatisations, dénoncer les rigidités sociales qui étouffent le pays, approuver bruyamment les baisses d'impôts, surtout celles qui profitent aux plus riches, s'indigner de la survivance du Smic, pour ne pas passer pour un insupportable archéo. Dans la haute fonction publique, la même intolérance se propage à vive allure et finit par tout emporter sur son passage.

En outre, le choix européen, acté par François Mitterrand lors du second plan d'austérité de 1983, enclenche un processus irrémédiable : la pensée unique devient doctrine d'État, pour la gauche aussi bien que pour la droite, et les inspecteurs des finances encore en fonction au ministère, tout comme ceux passés dans le privé, deviennent les grands prêtres de la religion officielle, les croisés de la pensée unique.

J'entends déjà les objections : « Mais non ! Au sein de la haute fonction publique, il est toujours resté des sensibilités différentes. Il y a toujours eu, et il y aura toujours, des hauts fonctionnaires de sensibilité de gauche ; et, symétriquement, il y a toujours eu, et il y aura toujours, des hauts fonctionnaires de sensibilité de droite. »

C'est, pourtant, un basculement sans précédent qui se produit dans la haute fonction publique à partir du milieu des années 1980 ; ces élites du ministère des Finances vont toutes être, à quelques rarissimes exceptions, happées par le capitalisme à l'anglo-saxonne émergent, soit qu'elles passent aux commandes d'un grand groupe, soit qu'elles en deviennent des agents de propagande. Dans les années qui suivent le déménagement du ministère des Finances de la rue de Rivoli dans la forteresse de Bercy, en 1988, une pensée maison se forge – en résonance avec la « pensée bruxelloise » qu'élabore à la même époque la technostructure européenne – une « pensée bercyenne » qui va devenir envahissante, presque totalitaire, pour l'essentiel façonnée par l'Inspection des finances.

Proférés par des hauts fonctionnaires travaillant alternativement pour des gouvernements de gauche et de droite, dont les politiques se sont par la force des choses de plus en plus rapprochées, au point de finir par se confondre, ces dogmes ont si souvent été déclinés dans le débat public depuis trois décennies que nul ne peut les ignorer : les salaires augmentent trop vite, à l'instar des déficits ; la France vit au-dessus de ses moyens ; le modèle social est trop généreux ; l'assurance chômage trop dispendieuse ; il faut faire des économies sur l'assurance maladie ; et plus encore sur les régimes de retraite ; par-dessus tout, il faut apprendre à la France l'impérieuse nécessité de conduire des réformes structurelles !

Ces dogmes, il importe d'en recenser quelques-uns. Car c'est dans cette boîte à outils intellectuelle qu'Emmanuel Macron va aller puiser, en 2016-2017, quand il lance sa campagne présidentielle, prétendant que ses projets ne sont ni de droite ni de gauche, mais seulement réalistes. En réalité, cette posture est celle adoptée par la technostructure de Bercy depuis des lustres. L'oligarchie affirme toujours qu'elle n'est ni de droite ni de gauche, mais pragmatique. Pour reprendre la formule pertinente de Benoît Hamon : elle n'est ni de gauche… ni de gauche !

Lors du virage de la « rigueur », il y a d'abord le dogme de la « désinflation compétitive » inventé par un inspecteur des finances, Jean-Baptiste de Foucauld, du temps où il est membre du cabinet de Jacques Delors aux Finances – il deviendra commissaire au Plan. Est-il de gauche ? Sans doute, puisqu'il le déclare. Mais il invente une formule qui résume la politique économique de la droite les années suivantes. Il fait partie de l'avant-garde de ces hauts fonctionnaires hybrides qui ont brouillé les cartes, issus de la gauche mais défendant des idées de droite. De gauche en surface, radicalement libéral en profondeur. C'est l'un des précurseurs de ces intellectuels de la deuxième gauche réunis au sein de la Fondation Saint-Simon, avant, une décennie plus tard, de faire cause commune au sein des « Gracques », un club politico-mondain de hauts fonctionnaires officiellement de gauche mais aux positions souvent plus brutales que celles de l'ultra-libéral Alain Madelin.

Ciselée par Jean-Baptiste de Foucauld, cette formule de « désinflation compétitive » – qui résumera par la suite la philosophie des politiques économiques conduites aussi bien par Pierre Bérégovoy que par Édouard Balladur – est trompeuse. Prise à la lettre, elle suggère l'ambition de contenir l'inflation pour rendre les marchandises plus compétitives et stimuler la croissance. En fait, la formule cache des ambitions beaucoup moins généreuses. Dans le grand basculement que la France est en train de connaître, qui va la conduire à tourner le dos aux règles du capitalisme rhénan pour souscrire à celles du capitalisme anglo-saxon, il est impératif de modifier le partage entre le capital et le travail, pour avantager le premier et désavantager le second. Il faut un nouveau partage de la valeur ajoutée, qui avantage les profits au détriment des salaires. Il faut, en bref, se soumettre aux diktats d'un capitalisme d'actionnaires. Et la première réforme majeure à laquelle la France du début des années 1980 doit se soumettre, c'est celle de la désindexation des salaires sur les prix.

Cette première croisade autour de la « désinflation compétitive », qui fait des salaires le cancer ruinant la compétitivité, se prolonge par une seconde, à peine différente. Son mot d'ordre : les salaires font le lit du chômage. Cette fois encore, c'est Denis Olivennes, un ancien de Bercy ayant fait ses classes à l'ENA, qui est à la manœuvre pour essayer de convaincre l'opinion de se rallier à des politiques d'austérité salariale, et au passage remettre en cause le Smic.

Denis Olivennes (que l'on retrouve plus tard parmi les Gracques), à l'époque haut fonctionnaire, n'a pas encore basculé dans la vie des affaires. Pour le compte de l'ex-Fondation Saint-Simon, il écrit ainsi en février 1994 une note intitulée « La préférence française pour le chômage », et publiée peu après dans la revue *Le Débat*. Elle défend la thèse libérale – on ne dit pas encore néolibérale à l'époque – selon laquelle des salaires trop élevés en France ont contribué à pousser le chômage à la hausse. La démonstration est tirée par les cheveux, car depuis le tournant de la « rigueur » des années 1982-1983, c'est à l'inverse, comme on l'a vu, la « désinflation compétitive » (en clair, l'austérité salariale) qui est l'alpha et l'oméga des politiques économiques conduites par la droite et la gauche.

Il n'empêche : au sein de la deuxième gauche comme des milieux d'affaires, la note fait sensation. Elle contribue à installer durablement la doctrine de Bercy. Doctrine socialement insupportable, car elle contribue à l'augmentation de la pauvreté en France, mais aussi économiquement stupide, car elle ferme la porte à toute politique de relance, même quand la conjoncture l'exigerait : une politique de l'offre si la compétitivité faiblit, et au contraire une politique de la demande si la consommation s'effondre et déprime la croissance. Au diable ces subtilités imbéciles ! Il faut en toutes circonstances veiller à ce que l'inflation ne reparte pas à la hausse, même quand l'économie donne des signes de déflation. La haute fonction publique du ministère des Finances ne fait là que reprendre à son compte les valeurs des marchés financiers, lesquels ont en horreur l'inflation qui avantage les débiteurs au détriment des créanciers.

La doctrine est, de surcroît, d'une formidable hypocrisie : elle en dit long sur notre oligarchie, toujours adepte de l'austérité quand il en va du peuple, mais favorable aux plus belles largesses sinon aux passe-droits dès qu'il s'agit de sa classe. Ce Denis Olivennes, qui donne le ton du débat économique au début des années 1990 en recommandant une politique salariale d'austérité, se distingue de nouveau quelques années plus tard, quand il quitte son poste de directeur général de Canal +, en 2002, en même temps que le P-DG de l'époque, Pierre Lescure – il s'en va bourlinguer à la direction de la FNAC, puis de *L'Obs*, avant d'être nommé patron du pôle médias du groupe Lagardère. On apprend alors qu'il part avec un parachute de 3,2 millions d'euros. Ce qui, pour deux ans et demi d'ancienneté à Canal +, constitue un pactole qui dépasse l'entendement, et qui résume bien l'égoïsme social de la nouvelle oligarchie française : l'austérité pour les pauvres, l'opulence pour les croisés de la pensée unique.

Sur le moment, personne ne peut débusquer l'hypocrisie du haut fonctionnaire ; sa note fait référence. À gauche comme à droite, notamment dans les rangs des partisans d'Édouard Balladur. À l'automne 1994, ce dernier prépare sa rupture avec Jacques Chirac, et commence à dessiner son programme de candidat à l'élection présidentielle. Alors Premier ministre, il nomme Alain Minc à la présidence d'une commission chargée d'élaborer un rapport sur « La France de l'an 2000 » sous l'égide du commissariat général du Plan.

Pour le Plan, la mission est indigne. À la croisée du débat public, point de rencontre d'intellectuels, d'experts de tous horizons et de partenaires sociaux de toutes sensibilités, l'organisme se déconsidère en se mettant au service d'un clan, dont le champion veut concourir à la présidentielle. Toutefois, Jean-Baptiste de Foucauld, le commissaire au Plan, accepte l'inacceptable.

Pour Alain Minc, devenu à quelques mois de l'élection de 1995 président du conseil de surveillance du *Monde*, l'offre ne peut mieux tomber. À la tête du plus prestigieux des quotidiens français qu'il va pouvoir instrumentaliser à sa guise ; en position de conseiller une bonne partie des patrons du CAC 40 au travers de sa petite société AM Conseil ; et maintenant responsable de la commission chargée d'élaborer le programme de l'homme politique donné favori à l'élection présidentielle : c'est la consécration.

Et de qui s'inspire-t-il pour conduire les travaux de sa commission ? De Denis Olivennes. Faisant sienne la thèse de la note de la Fondation Saint-Simon, le rapport d'Alain Minc recommande une politique de rigueur accentuée : « La société française a fait, consciemment ou non, le choix du chômage [...]. La commission pense que le coût salarial par tête [...] doit augmenter moins vite que la productivité [...]. » Et d'ajouter, au sujet du Smic : « La commission a fait le choix d'une solution "raisonnable" : au minimum, remettre en cause le principe des coups de pouce [...] ; et, au maximum, revenir à la simple indexation sur les prix » (au lieu du dispositif légal qui prévoit une indexation chaque 1er juillet sur les prix, majorée de la moitié de la hausse du pouvoir d'achat du salaire ouvrier).

Au-delà de la charge qu'il mène contre le Smic, ce rapport est une étape importante pour l'oligarchie de Bercy car, pour la première fois, il est couché noir sur blanc dans un rapport public que la politique économique doit être circonscrite, selon la formule d'Alain Minc, dans le « cercle de la raison ». D'une majorité à l'autre, il peut y avoir d'infimes nuances, mais les politiques économiques et sociales des deux camps doivent, pour l'essentiel, se rejoindre sur les grandes priorités. C'est exactement le point de vue de la technostructure de Bercy et celui, plus tard, d'Emmanuel Macron.

Certes, le rapport a des arrière-pensées qui tiennent aux circonstances politiques. Trahi par Édouard Balladur en ouverture de la présidentielle, Jacques Chirac, devenu inaudible, cherche à se distinguer en menant campagne contre la « fracture sociale ». Mais, derrière ces règlements de comptes internes à la droite, quelque chose de bien plus lourd se joue : c'est la première fois depuis fort longtemps que l'idéologie de Bercy apparaît aussi clairement ; il n'y aurait, définitivement, qu'une seule politique possible…

En ces années, il faut admettre que Jacques Chirac voit juste. C'est lui le premier, sur les conseils d'Henri Guaino, qui emploie, pour la fustiger, la formule de « pensée unique ». De sa part, on y trouve évidemment une certaine démagogie ; cette « autre politique » qu'il défend dans le feu de la campagne n'est mise en œuvre, après son élection, que quelques semaines à peine, jusqu'à ce qu'Alain Juppé, le nouveau Premier ministre, annonce le plus classique des plans d'austérité.

Mais avec le recul, malgré toutes ces hypocrisies, les sorties de Jacques Chirac retiennent encore l'attention tant elles visent juste. Tant elles révèlent ce qui devient dès cette époque une réalité incontournable :

c'est la technostructure de Bercy qui est en passe de prendre la main ; c'est elle qui dicte les politiques qu'il faut conduire.

À Nantes, le 18 avril 1995, le candidat officiel du RPR dénonce par exemple cette technocratie, « à laquelle le pouvoir politique, par manque de volonté, par facilité, aussi, a concédé l'essentiel de l'autorité ». « Tous ceux qui se hasardent à sortir des sentiers battus seraient, au mieux, démagogues, au pire, irresponsables », accuse-t-il, en stigmatisant dans la foulée la « pensée unique » qui étouffe le débat public. Dans son livre *La France pour tous*, il enfonce le clou, allant jusqu'à se demander si une technostructure n'aurait pas « confisqué le pouvoir », agissant « comme un club mondain, à l'écart des réalités ». Le 22 avril, Jacques Chirac s'en prend même à Jean-Claude Trichet, gouverneur de la Banque de France (il sera de 2003 à 2011 président de la Banque centrale européenne), qui a multiplié les messages de modération salariale et qu'il considère comme l'un des porte-étendards de cette pensée unique.

Faut-il lui donner tort ? En réalité, Jacques Chirac parle d'or. Énarque, ancien de la Cour des comptes, il sait mieux que d'autres comment la machinerie de l'État fonctionne et comment elle a évolué. Il a vu l'inspecteur général des finances Jean-Claude Trichet, après être passé à l'Élysée sous Valéry Giscard d'Estaing, devenir le bras droit d'Édouard Balladur au ministère des Finances, d'abord comme directeur de cabinet en 1986, puis comme directeur du Trésor à partir de 1987. Il a vu que ce même Jean-Claude Trichet est resté le bras droit du socialiste Pierre Bérégovoy, à partir de 1988, toujours comme directeur du Trésor. En cette seconde moitié des années 1980, l'intéressé devient donc le premier des hauts fonctionnaires français qui prend valeur de symbole : en tant que l'un des principaux collaborateurs d'Édouard Balladur puis de Pierre Bérégovoy, il est la première incarnation de la pensée unique qui minera de l'intérieur la gauche et la droite et qui conduira longtemps plus tard à la victoire d'Emmanuel Macron.

Dans ce moment d'inhabituelle sincérité, Jacques Chirac reconnaît qu'avec de tels personnages, c'est l'oligarchie du ministère des Finances qui est aux commandes et que les politiques sont en train d'abdiquer face à la technocratie. Jacques Chirac redécouvre ce qu'Alexis de Tocqueville avait énoncé de longue date : « Le despotisme administratif est le seul qu'aient à craindre les démocraties. » Quoi qu'il en soit, la volte-face de Jacques Chirac contribuera à renforcer la technocratie qu'il avait dénoncée. Un moment stigmatisée, la voici peu après triomphante. Les croisés peuvent donc repartir en campagne. Et, dans le courant des années 2000, l'austérité salariale reste l'une de leurs principales obsessions. C'est alors un économiste moins connu, Gilbert Cette, officiant à la Banque de France, qui prend le relais, multipliant les rapports en faveur d'un démantèlement du Smic. Il s'illustre en particulier en applaudissant bruyamment la politique d'austérité salariale conduite lors du quinquennat Sarkozy. Et le moins que l'on puisse dire, c'est qu'elle est violente.

Pour la première fois depuis la création du Smic, en janvier 1970 (dans le prolongement du Smig, créé, lui, en 1950), Nicolas Sarkozy fait le choix de ne procéder à aucun « coup de pouce » en faveur du salaire minimum. Multipliant les cadeaux fiscaux à ses richissimes amis du Fouquet's, il se montre d'une rigueur extrême à l'encontre des salariés les plus modestes. Durant toutes ces années, l'économiste Gilbert Cette appuie cette politique socialement inéquitable et plaide même pour la remise en cause du salaire minimum. Avec Pierre Cahuc et André Zylberberg, deux économistes membres comme lui du Conseil d'analyse économique, il cosigne en mars 2008 un rapport intitulé : *Smic, revenu minimum et coût du travail : quelle articulation pour combiner justice sociale, incitation au travail et compétitivité ?*

Le plus stupéfiant, c'est que Gilbert Cette reste fréquentable pour le socialiste François Hollande, quand il accède en 2012 à l'Élysée. L'expert est chargé d'un nouveau rapport et s'empresse de recommander, une fois encore, le démantèlement du salaire minimum. Le pouvoir socialiste lui donne raison, au moins partiellement, en poursuivant la politique du précédent gouvernement, refusant tout nouveau « coup de pouce ».

Le même expert est maintenant mandaté par Emmanuel Macron pour réaliser un énième rapport sur le même sujet ; le gouvernement d'Édouard Philippe exclut toujours le moindre coup de pouce. Il est à craindre que le combat de l'oligarchie de Bercy contre le Smic finisse par porter ses fruits.

La caste a des obsessions, des idées fixes qu'elle ratiocine. L'austérité salariale est l'une d'elles. La dette en est une autre, qu'elle a en partage avec la technocratie de Bruxelles depuis le début des années 1990. C'est l'autre grande bataille du ministère des Finances.

Il serait fastidieux d'en retracer tous les épisodes, du traité de Maastricht au pacte de stabilité découlant du traité d'Amsterdam. Dans cette longue marche entreprise par l'oligarchie pour que la parenthèse de la rigueur ouverte en 1982 ne se referme pas, arrêtons-nous sur un épisode, symbolique, de la commission Pébereau. Constituée à la demande du ministre des Finances Thierry Breton, une commission est chargée, en 2005, d'examiner la situation de la dette française, et de faire des recommandations pour la résorber. La commission est un modèle dont on raffole à Bercy : s'y retrouve une pagaille d'inspecteurs des finances et d'anciens de la direction du Trésor, pour certains toujours en fonction à Bercy, pour d'autres passés dans le privé.

Le premier de ces inspecteurs des finances, c'est Michel Pébereau, le patron historique de BNP-Paribas et « parrain » du capitalisme parisien, qui préside la commission. À ses côtés, d'autres inspecteurs des finances : Pierre-Mathieu Duhamel (ex-directeur du Budget puis des Douanes, parti pantoufler aux Caisses d'épargne, puis chez LVMH) ; Pascal Lamy (devenu, de 2005 à 2013, directeur général de l'Organisation mondiale du commerce) ; Jacques de Larosière (qui fut gouverneur de la Banque de France puis patron du Fonds monétaire international) ; Xavier Musca (qui sera nommé directeur du Trésor avant d'aller pantoufler au Crédit Agricole). Les rapporteurs de la commission, Sébastien Proto, Guillaume Sarlat et Pierre Heilbronn, sont eux aussi issus de l'Inspection des finances.

Cette commission, qui comprend aussi des personnalités du monde des affaires et des économistes, regroupe ce que l'Inspection des finances a produit de plus talentueux depuis deux décennies, avec des personnalités du public et du privé. Mais, dans les faits, cette nuance n'a plus grand sens. Face à la dette, que ces hauts fonctionnaires aient pantouflé dans le privé ou qu'ils aient fait carrière dans le public, qu'ils aient eu des convictions de gauche ou de droite, cela ne fait plus aucune différence : ils pensent tous la même chose, ou presque.

En d'autres temps, une commission composée de personnalités d'horizons divers et de sensibilités opposées aurait donné lieu à d'utiles controverses. Car il y a plusieurs manières d'apprécier la dette : selon qu'elle s'est creusée pour financer des dépenses d'investissements utiles pour l'avenir ou pour financer des dépenses courantes ; selon qu'elle a explosé pour offrir des baisses d'impôts aux revenus les plus élevés ou à tous les Français ; selon qu'on l'étudie dans une approche néokeynésienne ou dans une approche néolibérale ; selon que les aléas de la conjoncture justifient une politique de la demande ou bien une politique de l'offre.

Mais désormais ces questions sont sans objet, ces débats obsolètes. Ainsi le veut le diktat TINA : la dette doit être réduite à marche forcée. Cette ritournelle néolibérale parcourt le rapport Pébereau, quand il est enfin rendu public en cette année 2005. Pas de nuance, pas la moindre fausse note : les Français doivent comprendre que le pays vit au-dessus de ses moyens et qu'il faut poursuivre la purge de l'austérité. « L'explosion de la dette financière ne s'explique pas par des circonstances exceptionnelles, par exemple une croissance trop faible ou des taux d'intérêt trop élevés.

Elle résulte du fait que chaque année, depuis vingt-cinq ans, les administrations publiques sont en déficit », professe ainsi le rapport, avant de culpabiliser ceux qui le lisent : « En réalité, le recours à l'endettement a été le choix de la facilité : il a permis de compenser une gestion insuffisamment rigoureuse des dépenses publiques. » L'administration en prend donc pour son grade, elle qui fait constamment du gras. Mais ce sont surtout les Français qui sont admonestés : « Mais ce sont fondamentalement nos pratiques politiques et collectives, notamment notre préférence pour la dépense publique, qui sont à l'origine de notre situation financière actuelle. »

Toute la tyrannie de la pensée unique est contenue dans cette dernière formule. Au cours des années 1980 et 1990, l'oligarchie du ministère des Finances mène une croisade contre les hausses de salaires et la supposée « préférence française pour le chômage ». Voici que, la décennie suivante, c'est « la préférence française pour la dépense publique » qui est dénoncée par la même caste.

Dans cette charge, il y a une formidable mauvaise foi, sinon de la duperie. Les membres de la commission se gardent bien d'établir un audit de la dette – ce qui sera l'un des combats d'Attac les années suivantes. Car, si les finances publiques entrent en crise dans le courant des années 2000, c'est parce que les gouvernements de gauche et de droite multiplient les mesures d'allègement d'impôts, et notamment de l'impôt sur le revenu, favorisant les 50 % des contribuables les plus aisés. Deux rapports publics publiés à la fin de cette décennie, le premier rédigé par Jean-Philippe Cotis, à l'époque directeur général de l'Insee, et par son prédécesseur, Paul Champsaur, et le second par le député (LR) Gilles Carrez, alors rapporteur général du budget à l'Assemblée nationale, prouveront la mystification : sans les baisses d'impôts des années 2000 à 2010, la dette publique française aurait été inférieure de 20 points du produit intérieur brut. En somme, la France ne vit pas au-dessus de ses moyens ; elle a seulement consenti trop de cadeaux fiscaux, surtout aux plus riches, ce qui a fait exploser la dette.

Se gardant bien de faire ce constat, le rapport Pébereau – concentré des productions intellectuelles dont l'Inspection des finances est capable – donne au contraire des recommandations punitives, visant à pérenniser l'austérité et à l'imposer non pas seulement aux finances de l'État mais aux finances sociales : « L'État devrait revenir à l'équilibre au plus tard en cinq ans », édicte ainsi le rapport, avant d'ajouter : « Les régimes sociaux devraient également revenir à l'équilibre sur la même période. »

C'est un immense tour de bonneteau que propose le rapport Pébereau, un immense mouvement de transferts de revenus : puisque les finances publiques sont en état de délabrement à cause des baisses d'impôts au profit des plus riches, imposons l'austérité à tous les Français, y compris les plus modestes. Faisons payer aux plus pauvres les cadeaux fiscaux offerts aux plus riches.

Le rapport Pébereau est plébiscité dans les milieux financiers, et à Bercy : dans la procédure qu'il a suivie pour son élaboration comme dans les recommandations auxquelles il a abouti, il est présenté comme une référence. L'exemple à suivre : l'association dans une même commission de réflexion d'inspecteurs des finances de gauche et de droite et de quelques personnalités du monde des affaires est assurément le bon moyen pour élaborer ces fameuses « réformes structurelles » que réclament à cor et à cri les cénacles les plus libéraux et la haute fonction publique de Bercy et de Bruxelles.

L'affaire a été si rondement menée par Michel Pébereau que Nicolas Sarkozy, à peine élu en 2007, a l'idée de rééditer l'opération. Et c'est là que l'histoire se boucle, puisque la nouvelle commission, qui mime en tout point la précédente, a pour rapporteur Emmanuel Macron. Un épilogue qui en dit long sur ces trente années de lente anémie de la controverse économique et de tyrannie croissante de la « pensée bercyenne ».

L'intitulé même de cette commission, cadeau de Nicolas Sarkozy à Jacques Attali, ancien sherpa de François Mitterrand, en récompense de sa trahison, fleure bon le néolibéralisme : la « commission pour la libération de la croissance » doit chercher des pistes de réforme pour « libérer » la croissance. Ce qui sous-entend que, jusque-là, elle était entravée. Et l'on devine bien par quoi : État omnipotent, contraintes légales, réglementaires ou sociales qui brident l'initiative et le profit. La doctrine de Bercy depuis de longues années…

Aux côtés d'Emmanuel Macron figure une ribambelle de grands patrons : le P-DG de Virgin Mobil Geoffroy Roux de Bézieux, futur président du Medef, qui, en sa qualité de membre du comité des rémunérations du groupe PSA, s'est illustré en 2013 en octroyant une retraite chapeau de 21 millions d'euros au P-DG Philippe Varin ; le P-DG de Sanofi Serge

Weinberg, ancien collaborateur de Laurent Fabius et l'une des grandes figures du CAC 40 et de l'Association française des entreprises privées (Afep). On trouve aussi des économistes marqués à droite, Christian de Boissieu ou Jacques Delpla, des personnalités d'une sensibilité voisine des Gracques – une variété improbable de hauts fonctionnaires ou d'économistes représentatifs d'une gauche radicalement de droite. Dans cette catégorie, il y a l'économiste de Harvard Philippe Aghion et le directeur général du secteur banque d'investissement de Banco Santander France Stéphane Boujnah, qui a fait ses classes comme collaborateur de Dominique Strauss-Kahn à Bercy. Ainsi composée, la commission se met au travail et produit, en janvier 2008, un premier rapport strictement conforme aux requêtes de l'Élysée. À bas l'État ! Vive le marché ! Et vivent les dérégulations en tout genre.

La lecture de ce premier rapport de la commission, dont Emmanuel Macron tient la plume, est presque savoureuse tant elle permet de comprendre le « système Attali » – en réalité assez voisin de celui mis en œuvre par de nombreux économistes – en même temps que le « système Macron ». Jacques Attali est tellement impliqué dans la vie financière parisienne, dans cet univers consanguin, avec de si nombreux intérêts personnels à défendre, qu'il ne voit rien venir de la grande crise. Ce rapport est remis en janvier 2008, à une époque où la première étape de la crise financière américaine, celle des *subprimes*, s'est déjà propagée depuis plus de dix mois, mais le document n'en fait aucune mention. Incapable de penser que le monde qui l'enrichit est entré dans une crise historique, Attali, épaulé par son jeune et talentueux rapporteur, présente un document consternant d'aveuglement. Le mot « crise » n'y est pas même cité une seule fois !

Le diagnostic central du rapport est même à l'opposé : le monde entre dans une période de prospérité, mais la France, enfermée dans ses rigidités, ne va pas en profiter. Cette stupidité, consignée noir sur blanc par Emmanuel Macron, parcourt toute l'introduction : « Le monde est emporté par la plus forte vague de croissance économique de l'histoire, créatrice à la fois de richesses inconnues et d'inégalités extrêmes, de progrès et de gaspillages, à un rythme inédit. L'humanité en sera globalement bénéficiaire. La France doit en créer sa part. » Comment Emmanuel Macron peut-il écrire une telle ânerie, alors que la planète entière entre dans une crise économique historique ? Sans doute cela éclaire-t-il l'aveuglement doctrinaire qui veut souvent faire passer pour du pragmatisme ce qui n'est qu'une croyance.

Le rapport entend démontrer que le monde change, et que la France ne s'y prépare pas, à la différence de nombreux autres pays, dont beaucoup de ses voisins, si bien qu'il empile clichés et contrevérités. Toujours en introduction, il y a cette perle stupéfiante : s'appliquant à prouver que la France ne suit pas la voie vertueuse de l'Allemagne ou de la Grande-Bretagne, le rapport renvoie à d'autres pays qui ont le courage de réduire leur déficit... « L'Italie, le Portugal, la Grèce et plusieurs nouveaux États membres ont eux aussi mené des réformes courageuses, pour contrôler leurs dépenses publiques, moderniser leur administration, et mieux recruter leurs agents publics. » L'Italie, le Portugal, la Grèce... avec le recul, la liste prend une curieuse résonance, puisqu'il s'agit des premiers pays mis à genoux des mois plus tard par la spéculation sur les dettes souveraines.

Le rapport Attali, dont Emmanuel Macron est le rapporteur, constitue un brûlot libéral qui arrive au plus mauvais moment. Il préconise une brutale déréglementation au moment précis où les folles déréglementations des trois décennies antérieures vont conduire à une crise économique historique. Au travers de 316 propositions de réforme, le rapport propose pêle-mêle « d'ouvrir très largement les professions réglementées » ; de « réduire dès 2008 la part des dépenses publiques dans le PIB » à hauteur de 1 % par an ; « d'assouplir les seuils sociaux » pour le plus grand bénéfice du patronat et notamment dans les PME ; « d'autoriser plus largement le travail le dimanche » ; de déréglementer gravement le code du travail en autorisant « la rupture à l'amiable » du contrat de travail ; de « favoriser l'émergence de fonds de pension à la française ». Et, pour faire bonne mesure, il y a même un coup de chapeau indirect à la privatisation de l'université, puisque le rapport recommande chaleureusement de « développer les financements privés » dans l'enseignement supérieur.

Ce rapport – suivi d'un second, plus violent, en 2010 – est précédé d'une invraisemblable note de méthode. Comme s'ils étaient investis d'on ne sait quelle autorité, Jacques Attali et Emmanuel Macron donnent leurs ordres aux chefs de l'État – à Nicolas Sarkozy et à ses éventuels successeurs : « Ces objectifs peuvent être partagés par tous, quels que soient leurs choix politiques. Les moyens d'y parvenir, détaillés dans ce rapport, doivent l'être aussi. Chaque majorité politique pourra ensuite répartir en détail les fruits de cette croissance au profit des catégories qu'elle entend privilégier [...]. [La réforme] ne peut aboutir que si le président de la République et le Premier ministre approuvent pleinement les conclusions de ce rapport, le soutiennent publiquement, dès maintenant, personnellement et durablement, en fixant à chaque ministre des missions précises. Pour l'essentiel, ces réformes devront être engagées, selon le calendrier proposé à la fin de ce rapport, entre avril 2008 et juin 2009. Elles devront ensuite être poursuivies avec ténacité, pendant plusieurs mandats, quelles que soient les majorités. »

« Pendant plusieurs mandats, quelles que soient les majorités. » Nous y sommes : le système de l'oligarchie française, dont Jacques Attali est l'un des représentants et Emmanuel Macron le dernier rejeton, garantit l'enrichissement de ceux qui y participent et en même temps distille une idéologie qui tient la démocratie pour méprisable ou quantité négligeable. Peu importent les alternances démocratiques, peu importe le suffrage universel : il faut que « pendant plusieurs mandats, quelles que soient les majorités », la même politique économique se poursuive. L'enrichissement pour les uns, la punition sociale pour les autres. Et toujours aucune perspective en faveur de la relance de l'économie et de l'emploi...

Ces premiers pas d'Emmanuel Macron, sous le quinquennat de Nicolas Sarkozy, éclairent ceux qu'il franchit par la suite sous le quinquennat de François Hollande, quand il devient ministre de l'Économie et met au point la loi qui portera son nom. De fait, la loi Macron présente de grandes similitudes avec le rapport Attali-Macron.

En premier lieu, c'est le même catalogue à tiroirs désordonné. D'un projet à l'autre, c'est la même petite musique néolibérale, celle de la déréglementation : si l'économie française est anémique, c'est parce qu'elle étouffe dans un ensemble de contraintes, règlements et autres codes. De 2008 à 2015, un seul mot d'ordre : libérer l'économie française.

Dans ce projet de loi, Emmanuel Macron a aussi instillé un certain nombre de dispositions précises qu'il est allé puiser dans le rapport Attali. Ainsi, le volet-phare devait porter sur la déréglementation des professions réglementées – déréglementation fortement amendée au fil des oppositions. Or cette réforme des professions réglementées était aussi le morceau de choix du rapport Attali-Macron. Sous la tête de chapitre « Supprimer les rentes, réduire les privilèges et favoriser les mobilités » du projet de loi Macron, on pouvait lire ceci : « Pour tenter de se protéger, d'innombrables groupes ont construit des murs au fil du temps. Dans un monde ouvert et mouvant, l'accumulation, à tous niveaux, de rentes et de privilèges bloque le pays, pèse sur le pouvoir d'achat et freine sa capacité de développement. Sans mobilité sociale, économique, professionnelle, géographique, aucune croissance n'est possible. » Des formules copiées-collées de la proposition 14 du rapport Attali, ainsi formulée : « Ouvrir très largement les professions réglementées à la concurrence sans nuire à la qualité des services rendus. »

Le projet de loi Macron est le décalque exact du projet concocté sous la présidence Sarkozy.

Autre exemple : la libéralisation du travail le dimanche est une grande ambition du projet de loi Macron, l'une de celles qui suscitent le plus la controverse. Or lisons le rapport Attali. La réforme fait l'objet de la proposition 137. Le passage est intitulé « Autoriser plus largement le travail le dimanche », et l'ambition est ainsi formulée : « Une évolution du travail du dimanche est nécessaire pour des raisons économiques et des motifs liés aux transformations sociales et culturelles de la société. Il faut donc aujourd'hui simplifier et adapter les dispositions du droit du travail pour élargir la possibilité du travail dominical. Une partie des salariés peut trouver un intérêt à cette forme de travail : souvent à temps partiel, mieux rémunérée, elle permet aussi des activités personnelles, familiales ou de formation en semaine. La possibilité de travailler le dimanche doit être proposée prioritairement à certains métiers, certaines régions, certaines catégories de salariés à temps partiel qui souhaiteraient pouvoir augmenter leur nombre d'heures de travail. Elle doit être proposée en priorité aux petits commerces de centre-ville avant de l'être aux grandes surfaces. »

Le commandement du rapport Attali-Macron, qui édictait que les propositions du rapport devraient « être poursuivies avec ténacité, pendant plusieurs mandats, quelles que soient les majorités », est respecté à la lettre. Au mépris de la démocratie, et du vote émis par les citoyens français en 2012 en faveur d'un changement de politique économique et sociale, c'est ainsi que les choses se passent : François Hollande met en œuvre une réforme voulue par son prédécesseur. Et la continuité est d'autant mieux assurée que l'artisan du projet, Emmanuel Macron, n'a pas changé, de sa genèse en 2007 à sa traduction législative en 2015. Et c'est ainsi que les choses se poursuivent toujours, après 2017.

Durant près de trente ans, l'oligarchie du ministère des Finances, en concertation avec la technocratie de Bruxelles, construit un catéchisme néolibéral simpliste mais efficace. Elle poursuit les mêmes obsessions : réduire d'urgence la dette ! Alléger la dépense publique, et surtout la dépense sociale ! Supprimer les trente-cinq heures et assouplir le droit du travail ! Casser le Smic ! Multiplier les privatisations, y compris dans le cas des services publics ! Réformer la SNCF ! Diminuer drastiquement les prestations chômage et retirer aux partenaires sociaux la gestion du régime ! Revoir de fond en comble la formation professionnelle !

La direction du Trésor, en association avec la Fédération française des banques, a mené un combat pendant près de deux décennies contre le Livret A, qui assure la rémunération de l'épargne populaire. À force d'acharnement, elle est quasiment parvenue à le détruire et à privatiser ce produit d'épargne au profit de toutes les banques de la place. De même, pendant plusieurs décennies, la haute fonction publique de Bercy, direction du Trésor et Inspection des finances réunies, s'est indignée dans une foultitude de rapports que le train de vie des retraités soit décidément trop élevé. Leur acharnement a payé : avec la hausse de la CSG ponctionnant le pouvoir d'achat des retraités, y compris très modestes, Emmanuel Macron a satisfait une demande qui circulait depuis si longtemps dans les couloirs de Bercy.

Ce catéchisme néolibéral s'est propagé partout, au-delà des simples directions du ministère des Finances. Que l'on songe par exemple que la Cour des comptes, l'une des grandes institutions financières, a elle aussi été contaminée par ce méchant virus. Sa fonction aurait pourtant dû la mettre à l'abri de ces dérives. Ce sont les articles 14 et 15 de la Déclaration des droits de l'homme qui encadrent la mission démocratique de la juridiction financière. « Tous les citoyens ont le droit de constater, par eux-mêmes ou par leurs représentants, la nécessité de la contribution publique, de la consentir librement, d'en suivre l'emploi et d'en déterminer la quotité, l'assiette, le recouvrement et la durée », dit le premier de ces articles. « La Société a le droit de demander compte à tout agent public de son administration », stipule le second. En application de ces principes au fondement de notre démocratie, la Cour des comptes résume donc de la sorte, en *home* de son site Internet, ce que sont ses missions : « S'assurer du bon emploi de l'argent public, en informer le citoyen. »

La raison d'être de la Cour des comptes est d'une grande simplicité : elle doit mettre au jour les irrégularités comptables, pourchasser les abus de droit, démasquer les tours de passe-passe budgétaires ou les débudgétisations, évaluer ce que les experts comptables dénomment le hors bilan… Mais les missions démocratiques de la Cour des comptes s'arrêtent là. Et, si elle a à expertiser les effets financiers des politiques publiques, elle n'a surtout pas à juger de leur pertinence. Elle a encore moins compétence pour indiquer quelle est la bonne politique économique.

Or, sous l'impulsion notamment de l'actuel premier président de la Cour, l'ex-socialiste Didier Migaud, la juridiction financière s'est muée subrepticement en une sorte de Cour des sages, un peu sur le modèle allemand, indiquant le bon cap – néolibéral, il va sans dire.

Des exemples de dérives de ce genre, il en existe à foison. Il suffit d'ouvrir les rapports de la Cour pour le découvrir. Un jour, les magistrats, présentant les comptes de l'assurance maladie, qui est au cœur du pacte social français, se prononcent en faveur de l'interdiction de tout déficit, et préconisent une rafale d'économies pouvant aller jusqu'à un « éventuel retrait » de la Sécu des frais d'optique corrective ou des prothèses auditives ; le lendemain, ils stigmatisent le « coût du lycée » et préconisent une rafale de mesures visant à remettre en cause certaines des missions du service public de l'éducation ; le surlendemain, c'est Pôle emploi qui est dans leur collimateur néolibéral. Dans chaque rapport, mois après mois, année après année, la Cour des comptes stigmatise la dépense publique et s'emporte contre le niveau des prélèvements obligatoires, vieux cheval de bataille du camp libéral. Elle exige le retour à l'équilibre des comptes publics, revendiqué en d'autres temps par le seul Alain Madelin.

Mais de quel droit la Cour des comptes outrepasse-t-elle ses prérogatives pour suggérer que les assurés sociaux ne soient plus remboursés des frais d'optique – déjà très mal couverts ? C'est l'un des ravages de la tyrannie intellectuelle que Bercy fait peser sur toutes les administrations publiques, jusqu'à la Cour des comptes.

Dans un point de vue au *Monde*, le 25 juillet 2013, trois animateurs de l'association Attac, Thomas Coutrot, Pierre Khalfa et Jean Joye, avaient déjà dénoncé les embardées de la Cour des comptes, la conduisant à outrepasser ses prérogatives : « Si la baisse des dépenses publiques ne peut être aujourd'hui un moyen pour réduire les déficits, pourquoi la Cour des comptes – avec l'ensemble des institutions et gouvernements européens – s'acharne-t-elle de façon obsessionnelle dans cette direction ? Il nous semble évident que, au prétexte de la réduction des déficits et de la dette publique, on cherche surtout à démanteler notre "modèle social" supposé handicaper le capitalisme français et européen dans la concurrence mondialisée. Fût-ce au prix d'une dépression, dommage collatéral à peine regretté. La Cour est institutionnellement chargée d'examiner les comptes publics et d'évaluer les politiques. N'aurions-nous pas besoin d'un organisme chargé d'évaluer les recommandations et les intentions de l'évaluateur ? »

En outre, des ravages, il en existe beaucoup d'autres, sans doute encore plus graves, peut-être moins visibles, mais plus pernicieux. Car les grandes directions du ministère des Finances, à commencer par la direction du Trésor, happées comme elles le sont par des logiques comptables, n'envisagent le monde qu'à brève échéance. Dans le jargon des experts, on dit qu'elles sont cour-termistes : leur horizon est à six mois ou un an, rarement plus. Alors raisonner devant des hauts fonctionnaires de Bercy, formés à l'école du traité de Maastricht ou du pacte d'Amsterdam, à échéance de vingt ou trente ans, comme c'est indispensable si l'on veut réfléchir à la mutation écologique et à la transition énergétique, par exemple, c'est prendre le risque de passer pour un doux rêveur. C'est la remarque que m'a faite un jour un expert de grand talent dont le métier est précisément d'essayer, dans la sphère publique, de penser à longue échéance et qui ne cesse, dans cet exercice, de se heurter aux crânes d'œufs de Bercy, d'où la prospective a été bannie. « La direction du Trésor est devenue un danger pour la démocratie », m'a-t-il confié, un jour de découragement.

On voit bien que, depuis une trentaine d'années, les grands corps de l'État, et au premier chef l'Inspection des finances et le Conseil d'État, corsètent les imaginations, rejettent ou amendent toute idée qui n'est pas de leur cru, imposent leurs vues sur tout ou presque tout, au-delà des questions économiques et sociales. Le président du Modem, François Bayrou, qui a une longue expérience de la vie publique, est intarissable sur le sujet : « Leur emprise se lit sur tous les dossiers, sans exception. Dès que le dossier est ouvert, ils imposent leur vision conforme et uniforme, et qui ne change en rien au travers du temps. L'exemple le plus scandaleux que je connaisse est celui du numerus clausus en médecine. Observez ce qu'il a produit : la France, le pays de Pasteur, manque désormais scandaleusement et cruellement de médecins. Et c'est le résultat d'un diktat imposé envers et contre tous dès le courant des années 1970, au prétexte absurde que moins il y aurait de médecins, moins il y aurait d'ordonnances. Aujourd'hui, on est obligé d'aller chercher des médecins loin à l'étranger, médecins moins bien formés que les nôtres, et on a au passage massacré des centaines de milliers de jeunes brillants, du meilleur niveau, à coups de QCM à courte vue ! Et tout cela dans le seul but d'empêcher la France d'avoir le nombre de médecins dont elle avait besoin ! Sans même penser que ces médecins, elle irait les chercher coûte que coûte, mais que ce ne serait pas ceux qu'elle aurait formés. »

François Bayrou raconte aussi comment ces hauts fonctionnaires « prennent en main leurs ministres » et parviennent sans la moindre difficulté, surtout quand ceux-ci n'ont pas d'expérience ou peu d'autorité politique propre, à imposer leurs vues. « Les ministres adoptent très vite la pensée de leurs conseillers. C'est un système de captation de la décision publique, au nom de l'intérêt général. Quand vous êtes un ministre peu expérimenté, envoyer bouler un directeur d'administration centrale, c'est impossible. Il n'y a plus de place à l'imagination originale, parce que ce réseau impose aux soi-disant décideurs sa propre logique. Il faut comprendre qu'il n'y a même pas de complot, ou rarement. Simplement, l'idéologie du corps ou sa tradition, l'idéologie des bureaux s'impose toujours. Et il y a aussi une sorte de condescendance à l'égard des politiques, toujours soupçonnés de faiblesse ou d'incompétence », raconte-t-il.

Le président du Modem admet avoir été lui-même victime de ce système, au début du quinquennat d'Emmanuel Macron. Nommé garde des Sceaux, il porte le projet de la « banque de la démocratie », établissement sous autorité publique dont la mission devait être d'apporter des financements sains aux partis politiques, aux syndicats ou à la presse, pour les soustraire aux diktats des banques privées. « Le Conseil d'État et le ministère des Finances se sont coalisés pour enliser ce projet », dit-il. Avant d'ajouter : « Dès que l'on porte une idée originale, on est sûr d'avoir affaire à la résistance discrète, mais ô combien efficace de ces réseaux d'influence. » Évoquant l'actuel gouvernement d'Édouard Philippe, il a ce mot : « Faites parler les ministres ; beaucoup vous le diront, même si c'est en aparté : s'ils ont une idée à eux, elle va alors en interministérielle. Et quand l'idée revient… elle est tuée ![1] »

Disparition de la direction de la prévision, transformation de la Cour des comptes en une chambre de la bien-pensance néolibérale, instauration d'une seule et unique doctrine économique applicable à toutes les conjonctures : voici donc quelques-uns des ravages intellectuels qui ont accompagné la prise progressive de pouvoir par l'Inspection des finances.

Tant il est vrai qu'au pays de l'oligarchie triomphante il n'y a qu'une seule politique économique possible. Au diable la démocratie ! « Quelles que soient les majorités »…

1. Entretien avec l'auteur le 18 avril 2018.

En marche vers l'administration-parti

Soyons juste, si l'oligarchie que nous décrivons a en France une telle influence, si elle est parvenue à pousser l'un des siens au sommet de l'État, ce n'est pas par ses seuls mérites ou par sa seule rouerie. C'est aussi parce que les politiques de tous bords ont accepté, au cours de ces dernières décennies, de lui céder le terrain, jusqu'à finalement lui offrir le pouvoir.

C'est à un principe quasi physique que peut se résumer la victoire d'Emmanuel Macron : plus les politiques sont faibles ou résignés, plus les « technos » deviennent forts. Au terme de ce lent processus qui commence dans le milieu des années 1980, il y a cette élection présidentielle qui est moins surprenante qu'il n'y paraît : la technocratie est progressivement devenue tellement forte qu'elle a fini par promouvoir l'un des siens au sommet de l'État.

L'ascension de l'oligarchie de Bercy peut se lire de deux manières : en suivant les avancées de la pensée unique – ce à quoi nous venons de procéder – ou en suivant les traces de la résignation des politiques. Dressons cette chronique, pas moins désespérante que la précédente, observons cette longue marche vers l'uniformisation que les socialistes d'un côté, la droite républicaine de l'autre ont accepté de suivre, jusqu'à se suicider, lors de l'élection présidentielle de 2017.

La formation du gouvernement d'Édouard Philippe au printemps 2017, rassemblant des ministres issus de la droite et de la gauche, ou ne se revendiquant d'aucune attache partisane, consacre une double implosion simultanée des deux principaux partis. En revanche, au plan économique, c'est plutôt un aboutissement, l'achèvement de ce mouvement d'uniformisation des politiques économiques et sociales conduites par la droite et la gauche ces trois dernières décennies.

Il faut remonter à 1981 pour retrouver en France une véritable controverse économique, du moins entre les deux principaux partis de gouvernement, le PS et le RPR, rebaptisé UMP, puis LR. À partir du tournant improprement baptisé de la « rigueur », les différences entre les deux camps ne cessent de s'estomper, pour ne plus porter que sur des questions symboliques – ultimes chiffons rouges, tel l'impôt de solidarité sur la fortune (ISF).

Dans le prolongement de la vague néolibérale venue des pays anglo-saxons, déclenchée par Ronald Reagan aux États-Unis et Margaret Thatcher en Grande-Bretagne, la droite emporte sur la gauche la bataille des idées. Le marché fait plier l'État et la régulation qu'il induit. Du rapprochement progressif entre la gauche et la droite autour de ce consensus néolibéral qui s'opère en parallèle à la conversion de la France au modèle du capitalisme patrimonial anglo-saxon, il existe cent illustrations, comme la bataille perdue des nationalisations. Une Bérézina.

Tandis que l'extension du secteur public, en 1982, est présentée par les socialistes comme l'un des plus forts symboles du changement de politique économique, un coup d'arrêt y est donné dès 1986, lors de l'alternance, avec le lancement des premières privatisations. On sait ce qu'il en advint : après le « ni-ni » (ni nationalisation ni privatisation) du second septennat de François Mitterrand, les privatisations reprennent de plus belle dès 1995. La gauche s'y convertit, elle aussi, à partir de 1997, Lionel Jospin étant le Premier ministre ayant le plus privatisé.

Pour la politique salariale, c'est encore plus spectaculaire : on l'a vu, ce sont les socialistes qui les premiers brisent les règles d'indexation, fondement de la politique contractuelle des Trente Glorieuses. À la faveur du tournant de la « rigueur », puis sous l'impulsion, les années suivantes, de Pierre Bérégovoy, c'est l'une des réformes les plus considérables qui entre en vigueur : celle de la désindexation des salaires sur les prix. Désindexation devenue l'alpha et l'oméga de la politique économique, sous la gauche comme sous la droite. La politique fiscale suit, à peu de chose près, la même évolution. Longtemps, elle constitue un marqueur formidable permettant de distinguer les politiques économiques de gauche de celles de droite. Avec d'un côté des socialistes qui défendent l'impôt, en y voyant un outil de redistribution, et de l'autre la droite qui prône le « moins d'impôt », dans le souci de débrider l'économie. Mais, au fil des ans, ces oppositions deviennent plus factices.

Ce sont les socialistes qui, en 1989, conduisent l'une des réformes fiscales les plus injustes, celle de l'épargne, en prévision de l'ouverture définitive des marchés des capitaux. Le socialiste Laurent Fabius, ministre des Finances, dynamite en 2000 l'impôt sur le revenu – réforme inégalitaire que la droite accélère au lendemain de l'alternance de 2002. Et si François Hollande, du temps où il est candidat à l'élection présidentielle en 2012, laisse un instant penser qu'il reviendra à la doctrine redistributive de la gauche, en défendant l'idée d'une « révolution fiscale » conçue par l'économiste Thomas Piketty, c'est en réalité une contre-révolution fiscale qu'il mène, suivant en tout point les priorités de son prédécesseur, en relevant par exemple la TVA ou en instaurant pour l'ISF un système de plafonnement plus scandaleux que l'ex-bouclier fiscal mis au point par Nicolas Sarkozy.

Et puis, il y a l'Europe, qui fait le reste, contribuant à rapprocher encore plus les politiques économiques de gauche et de droite, au point qu'il n'y ait plus entre elles la moindre différence. Avec le traité de Maastricht, et plus encore celui d'Amsterdam, la politique budgétaire passe sous pilotage automatique. En quelque sorte, c'est la fin de la vieille controverse entre les partisans de la relance et les partisans de l'austérité, par la victoire totale des seconds sur les premiers.

Cette évolution qui conduit les socialistes et les néogaullistes à se convertir plus nettement aux thèses néolibérales ne se déroule certes pas sans heurts. À droite, dès 1992, c'est contre cette pensée unique que se dresse Philippe Séguin (1943-2010), lors du débat autour de la ratification du traité de Maastricht. Tout comme Jacques Chirac lors de la campagne présidentielle de 1995, ce qui lui permet de gagner. À gauche, c'est à sa manière ce même combat que mène Lionel

Jospin à partir de 1993, exerçant son « droit d'inventaire » sur les deux précédents septennats, et cherchant la voie d'une nouvelle politique économique de gauche qui tienne compte des « grands équilibres économiques » mais tout autant des « grands équilibres sociaux ». Reprochant à ses camarades socialistes de n'avoir tenu compte que des premiers, il a même, en 1994, cette formule audacieuse : « Inversons ! »

Mais, à droite comme à gauche, ces rébellions contre ces proximités de plus en plus marquées, quasi fusionnelles, sont de courte durée. Que l'on se souvienne du septennat de Jacques Chirac : nommé Premier ministre, Alain Juppé met en œuvre la politique hétérodoxe promise par le chef de l'État, pendant… quatre mois ! Dès le mois de novembre 1995, il fait une grande embardée et annonce le plan d'austérité que l'on sait, en commençant par l'assurance maladie.

La rébellion est de pure forme : presque comique tant elle est dérisoire. Alors que Jacques Chirac a couru micros et caméras pour dénoncer la « fracture sociale », sur les conseils de quelques intellectuels de gauche qui se sont fait duper dans l'opération, tel Emmanuel Todd, il se borne à prendre deux mesures minuscules : un coup de pouce en faveur du Smic, et l'instauration d'un plafond limitant les effets d'un système de plafonnement du montant de l'ISF dû par les plus grandes fortunes. Un plafond du plafond : voici la mesure grotesque et obscure que prend Jacques Chirac pour faire illusion le temps de quelques semaines.

À gauche, l'embardée de Lionel Jospin est encore plus brève. Porté en 1997 à Matignon sur un programme très à gauche, il y renonce sur-le-champ pour dériver progressivement vers une politique néolibérale que ponctue son terrible aveu d'impuissance, en amorce de sa campagne présidentielle de 2002 : « Mon projet n'est pas socialiste. »

Mais au fait : au cours de ces trente dernières années, y a-t-il eu une seule réforme économique et sociale qui n'ait pas été conçue dans l'une des grandes directions du ministère des Finances ? Oui, il y en a eu une. Une seule ! C'est la réforme des trente-cinq heures, le dernier grand projet de loi porté par les socialistes, que le gouvernement de Lionel Jospin impose de force, en 1997, aux administrations du ministère des Finances, lesquelles sont vent debout. Sans doute est-ce la dernière grande réforme arrachée à une haute fonction publique qui s'y montre farouchement hostile.

Malgré tout, il faut apporter un bémol à ce constat : si le gouvernement de Lionel Jospin a l'énergie d'imposer cette réforme, la haute fonction publique de Bercy comprend vite comment elle peut retourner la situation à son avantage. Tandis que le congrès socialiste, avant les législatives de 1997, avait voté une résolution indiquant que les trente-cinq heures seraient payées trente-neuf, sans perte de pouvoir d'achat, et que la réforme ne donnerait pas lieu à une dérégulation du travail, finalement la réforme amorce un mouvement massif de détricotage du code du travail, en instituant une annualisation du temps de travail, jusque-là taboue, et en incitant à des accords de modération salariale.

La grande victoire des trente-cinq heures débouche sur la flexibilité et l'austérité salariale. Une ultime victoire de la politique sur la haute fonction publique ; mais une victoire au goût amer.

Ainsi le gouvernement multipartisan voulu par Emmanuel Macron constitue-t-il une rupture pour la vie politique française et un aboutissement pour la vie économique. Car, dans ce théâtre d'ombres qu'est souvent la vie publique, de nombreux dirigeants politiques ont entretenu la fiction de divergences entre la droite libérale et les socialistes néolibéraux, soit en mettant l'accent sur des points microscopiques – cela a été longtemps la fonction de l'ISF –, soit en menant des campagnes mensongères pour se faire élire – François Hollande se présentant comme l'adversaire de la finance, avant d'en devenir le plus zélé des serviteurs.

Avec Emmanuel Macron, c'est donc cette fiction qui est ruinée : puisque les socialistes et la droite conduisent depuis de longues années des politiques économiques et sociales quasi identiques, puisque les derniers points de discorde qui subsistaient encore, comme le code du travail, ont disparu, pourquoi ne travailleraient-ils pas ensemble au sein du même gouvernement ? Cette idée d'un gouvernement libéral rassemblant des dirigeants de gauche et de droite fait son chemin depuis longtemps. C'est le cheval de bataille principal de la Fondation Saint-Simon, à partir du milieu des années 1980. C'est aussi l'idée défendue par Alain Minc, au milieu des années 1990, quand il prône une politique économique circonscrite « dans le cercle de la raison ». Car cela a souvent été l'habillage des politiques néolibérales, présentées par leurs auteurs (et tout autant par les grands médias) comme des politiques raisonnables, réalistes, pragmatiques, à la différence des politiques alternatives, réputées irréalistes, déraisonnables, voire dangereuses. Il faut croire que les temps n'étaient pas encore mûrs pour que les masques tombent. C'est donc Emmanuel Macron qui, le premier, a l'audace de réaliser la grande transgression.

Ce mouvement d'uniformisation s'accompagne aussi d'une désinhibition plus marquée des oligarques de Bercy. Que l'on veuille bien observer les formidables évolutions auxquelles nous avons assisté depuis trois décennies.

D'abord, quand la gauche accède au pouvoir, en 1981, les hauts fonctionnaires du ministère des Finances sont pour le moins effacés. C'est l'époque où ils appliquent loyalement ce que les politiques leur demandent. Et comme, en 1981-1982, le cap est clairement fixé, les techniciens des finances font ce qu'on attend d'eux : de la technique. De surcroît, les cabinets ministériels ne sont pas composés exclusivement de hauts fonctionnaires passés par l'ENA, la direction du Trésor ou l'Inspection des finances ; nombre de ministres gardent comme conseillers des militants qui ont accompagné les combats de la gauche au long des années 1970.

Même Pierre Bérégovoy (1925-1993), du temps où il est ministre des Finances, à la fin du premier septennat de François Mitterrand, et une bonne partie du second, s'applique à ne pas se couper de ses racines, bien qu'il impulse une politique de plus en plus droitière. Dans son cabinet, il y a des « technos » du ministère, des militants, tel André Gauron, qui vient de la CFDT. À intervalles réguliers, le ministre réunit une sorte de cabinet officieux, composé d'amis et de proches.

C'est pourtant à cette époque que quelques hauts fonctionnaires prennent de l'assurance et sortent des coulisses, s'exprimant parfois publiquement. Le premier d'entre eux est Jean-Claude Trichet, qui, après avoir été directeur du Trésor du ministre des Finances Édouard Balladur, l'est encore après l'alternance de 1988, quand Pierre Bérégovoy prend sa succession. À l'époque, le ministre socialiste essaie d'accréditer l'idée qu'il ne s'agit de sa part que du respect des règles républicaines. Mais cela ne trompe personne : on comprend vite que le haut fonctionnaire le plus puissant de Bercy reste en fonction parce que les priorités des politiques économiques et sociales de la gauche et de la droite se rapprochent.

Jean-Claude Trichet est alors un symbole de la politique du franc fort. Au fil des ans, sa parole a de plus en plus de poids, puisqu'en 1993 il est nommé gouverneur de la Banque de France, au moment où celle-ci devient indépendante, dans le cadre du traité de Maastricht. Sur les questions qui touchent à la politique monétaire – l'un des leviers majeurs de la politique économique –, sa parole compte encore plus que celle du ministre des Finances. Pendant de longues années, jusqu'en 2003 comme dirigeant de la banque centrale française, puis jusqu'en 2011 comme président de la Banque centrale européenne, il est le copilote de la politique économique française et, par surcroît, une sorte d'autorité morale, indiquant le cap néolibéral à suivre.

L'émergence sur la scène française puis européenne d'une personnalité telle que celle de Jean-Claude Trichet, l'une des figures les plus abouties de la haute fonction publique contemporaine, va avoir un effet libérateur pour beaucoup de ses congénères. D'autres hauts fonctionnaires, à la faveur d'un rapport commandité par la puissance publique, ou de leur propre initiative, interviennent dans le débat public. Il faut bien mesurer la transgression majeure des rites et usages républicains que cela constitue. Jusque-là, la tradition veut qu'un haut fonctionnaire soit au service de son ministre et n'ait pas d'existence propre. Jamais il ne se mêle d'une controverse publique.

Jean-Claude Trichet ayant l'autorisation de courir micros et caméras, la gauche et la droite étant tombées d'accord pour accorder son indépendance à la Banque de France, d'autres, moins talentueux que lui, vont s'octroyer le même privilège.

Le parcours de Jean-Pierre Jouyet est de ce point de vue emblématique : il appartient à cette génération de hauts fonctionnaires de Bercy qui, poussés par les évolutions des dernières décennies, se sont rapprochés de la politique, au point d'en faire eux-mêmes. Au début de sa carrière, Jouyet n'a pas d'existence publique et se montre discret. Quand il est directeur adjoint du cabinet de Lionel Jospin à Matignon, de 1997 à 2000, on ne l'entend dans aucune joute publique. Sans doute sa présence au sein de l'équipe ministérielle explique-t-elle comment ce gouvernement, accédant au pouvoir avec un programme de gauche, dérive progressivement à droite. Mais de Jean-Pierre Jouyet, on n'entend alors pas parler.

Comment d'ailleurs oserait-il se faire remarquer ? Dans les premières années de la législature, il y a un gouvernement qui gouverne, avec Dominique Strauss-Kahn d'un côté à Bercy, Martine Aubry de l'autre au Travail, souvent en désaccord sur les réformes économiques et sociales à engager. C'est cette confrontation qui occupe le débat public, ponctuée par les arbitrages de Lionel Jospin. Dans ce fonctionnement, où les politiques ont leur rôle, il n'est guère concevable qu'un « techno » joue sa propre partition.

À l'époque, Jean-Pierre Jouyet a des idées franchement libérales. Il est au service d'un Premier ministre qui se dit opposé au social-libéralisme, et qui condamne le manifeste Blair-Schröder ; et il ne fait rien qui puisse suggérer un possible désaccord.

Mais, par la suite, Jean-Pierre Jouyet, est, comme tous ces congénères de l'Inspection des finances, happé dans un monde où la porosité est la règle. Son parcours est révélateur de cette trop grande proximité entre le public et le privé, puisqu'il ne cesse de faire des allers et retours : directeur du Trésor un jour, président de la filiale française de la banque Barclays le lendemain, chef du service de l'Inspection générale des finances le surlendemain, il navigue… mais il a un tropisme personnel en faveur du monde des affaires. Son épouse, Brigitte Taittinger, est richissime. Elle est l'une des héritières du groupe du même nom, qui doit son immense prospérité au champagne, avant de se diversifier dans le luxe et l'hôtellerie, avec notamment les prestigieux palaces Crillon, Lutetia et Martinez, mais aussi les chaînes Campanile et Kyriad, jusqu'à ce qu'une querelle de famille contraigne ce petit monde à vendre le groupe en 2005 à un fonds américain, Starwood. Figurant parmi les très grandes fortunes françaises, Brigitte Taittinger est par ailleurs P-DG des parfums Annick Goutal.

Chez les Jouyet-Taittinger, on organise fréquemment des dîners mondains, où défilent les grands noms du CAC 40 et de la vie des affaires : c'est ainsi par exemple que Jean-Pierre Jouyet invite à sa table son meilleur ami, François Hollande, pour lui présenter les grands banquiers de la place que ce dernier ne connaît pas.

Dans cet univers à la confluence de la vie politique, de la vie de la haute fonction publique et de la vie des affaires, voyant que beaucoup de ses collègues de l'Inspection des finances sont depuis longtemps sortis des coulisses du pouvoir, Jean-Pierre Jouyet se décide à franchir le Rubicon. D'abord, alors qu'il est toujours chef de l'Inspection des finances, astreint à une obligation de réserve, il n'en écrit pas moins un livre (passablement médiocre) au début de 2007, *N'enterrez pas la France*, en collaboration avec un journaliste, qui a la modeste ambition d'être « le livre de chevet du prochain président de la République ». Et puis, comme tout cela est cousu de fil blanc, Jean-Pierre Jouyet tourne brutalement casaque : lui qui a servi longtemps la gauche, le voici qui accepte de devenir secrétaire d'État aux Affaires européennes, au début du quinquennat de Nicolas Sarkozy. Expérience éphémère, puisque l'homme veut de nouveau changer. Il devient président de l'Autorité des marchés financiers (AMF) puis, après l'alternance de 2012, directeur général de la Caisse des dépôts (CDC) et enfin secrétaire général de l'Élysée sous François Hollande.

Dans sa course folle et ininterrompue, il incarne à lui seul la confusion généralisée entre le privé et le public, entre la haute fonction publique et la politique, entre la gauche et la droite, entre la vie publique et les affaires. Jean-Pierre Jouyet est aussi l'emblème d'un monde où l'alternance n'a plus d'objet : les politiques s'en vont, les hauts fonctionnaires restent. On peut servir Nicolas Sarkozy puis François Hollande. En bref, Jean-Pierre Jouyet semble être l'incarnation de cette détestable sentence de Tancredi, le neveu du prince de Salina, dans *Le Guépard* de Giuseppe

Tomasi di Lampedusa (1896-1957) : « Il faut que tout change pour que rien ne change. »

Et on aurait tort de penser que cette histoire n'est que celle d'un homme. C'est plus largement l'histoire d'une génération. Car Jean-Pierre Jouyet est le premier des mentors d'Emmanuel Macron, en qui il voit son fils spirituel, celui qui va gravir les échelons que lui-même n'a pas franchis. C'est lui qui recommande à François Hollande de le faire venir dans son équipe de campagne pour la présidentielle de 2012. C'est lui encore qui conseille au chef de l'État de le prendre comme secrétaire général adjoint de l'Élysée. C'est lui, dans ses fonctions de secrétaire général de la présidence, qui, le 26 août 2014, sur le perron de l'Élysée, annonce la composition du gouvernement de Manuel Valls : marquant un temps d'arrêt, il révèle dans un sourire que son poulain, Emmanuel Macron, devient ministre de l'Économie. Pour anecdotique qu'il soit, ce parrainage confirme ce qu'est devenue la haute fonction publique : une société d'entraide pour occuper des places de choix dans la vie des affaires ; et maintenant, pour obtenir, dans ce vaste mouvement de rétropantouflages, les postes clés dans les sommets de l'État. Jusqu'à la fonction suprême.

Avec Emmanuel Macron, la confusion des rôles va plus loin. Dans une tribune remarquée, publiée par *Le Monde,* le 21 février 2018, un collectif (anonyme) de hauts fonctionnaires observe qu'avec Emmanuel Macron c'est une transgression nouvelle qui est même organisée, puisque, dans le système de pouvoir qu'il organise, la sélection du personnel politique et l'élaboration du programme et des propositions changent de règles, et échappent au parti présidentiel. « Ces rôles sont en effet aujourd'hui principalement assurés directement par la haute administration de l'État, constituant ainsi une des caractéristiques majeures du macronisme : une confusion profonde, à la fois idéologique et sociologique, entre une partie de cette haute administration et ses idées d'une part, et le gouvernement et la politique qu'il mène d'autre part », notait ce point de vue pertinent.

Pour illustrer la première assertion, les auteurs relevaient un « exemple marquant, mais loin d'être unique » : « Le responsable du programme et des idées de l'équipe de campagne de M. Macron, nommé en janvier 2017, n'était autre que Jean Pisani-Ferry, précédemment commissaire général à la stratégie et à la prospective auprès du Premier ministre. Dès la constitution du premier gouvernement de la nouvelle mandature, ce rôle de fournisseur du personnel politique de l'administration est apparu de manière flagrante, et ce jusqu'au niveau ministériel. Parmi les quatorze ministres ou secrétaires d'État qui pourraient être considérés comme venant de la "société civile", la plupart d'entre eux avaient auparavant exercé de très hautes responsabilités administratives, le plus souvent de direction d'administration centrale. Il ne s'agit plus de débattre de l'opportunité ou non pour les ministres de choisir directement les directeurs et directrices de leurs administrations centrales (système des dépouilles, ou *spoils system* à la française) : il s'agit de constater que, avec une ampleur inédite dans l'histoire de la République, on choisit les ministres parmi les directeurs et directrices de l'administration. »

Si, de longue date, il y a eu une interpénétration entre la haute fonction publique et les dirigeants des principaux partis républicains, les ressorts du pouvoir d'Emmanuel Macron sont d'un type nouveau. Nicole Belloubet, promue garde des Sceaux, est une ancienne rectrice, d'abord à l'académie de Limoges, puis à celle de Toulouse. Florence Parly, nommée ministre des Armées, est une figure de Bercy, ancienne administratrice civile de la direction du Budget, et par ailleurs l'épouse de Martin Vial, le patron de l'une des principales directions de Bercy, l'Agence des participations de l'État (APE). Élisabeth Borne, promue ministre des Transports, s'est formée dans l'administration de l'équipement avant de devenir la patronne de la RATP. Enfin, le Premier ministre, Édouard Philippe a lui aussi fait ses classes à l'ENA, avant d'intégrer le Conseil d'État, l'autre creuset de l'oligarchie de la haute fonction publique.

Et le point de vue publié par *Le Monde* d'ajouter : « Le second rôle traditionnel des partis politiques, l'élaboration du programme et des idées, est aujourd'hui aussi assuré de manière exacerbée par l'administration, parachevant cette mutation vers une administration-parti. La diminution de la taille des cabinets ministériels a accéléré ce mouvement : supposés orienter l'action de l'administration dans le sens souhaité par les ministres, leur réduction à portion congrue ne leur permet de jouer ce rôle qu'à la marge. Les propositions politiques émanent dès lors directement des fonctionnaires et agents publics. Ce rôle inédit de l'administration a trouvé son paroxysme dans le recours aux ordonnances pour la libéralisation du marché du travail : élément clé du programme présidentiel de M. Macron, les modalités de cette réforme et leur négociation ont été confiées en intégralité aux fonctionnaires. Il n'a été demandé qu'une chose aux députés de la majorité parlementaire : l'entériner. »

Assurément, ces remarques sont frappées de bon sens car la réduction drastique des effectifs des cabinets ministériels – dix conseillers pour un ministre, huit pour un ministre délégué et cinq pour un secrétaire d'État – n'a souvent été perçue par les journalistes ou l'opinion que comme une mesure d'économie budgétaire. Si le chef de l'État a fait ce choix, a-t-on pensé, c'est parce qu'il est soucieux des deniers publics, ce qui n'a pas été le cas de nombreux gouvernements dans le passé, adossés à des équipes pléthoriques dans les cabinets ministériels. En réalité, cette réforme a pour arrière-pensée que le rouage majeur de la décision publique est non plus le cabinet ministériel avec ses conseillers, mais la haute administration. Car, plus les cabinets ministériels sont petits, moins ils peuvent traiter de dossiers, et plus ceux-ci doivent l'être en direct par les grandes directions des ministères. Conséquence implacable : plus les cabinets sont petits, plus la haute fonction publique est sollicitée.

En cela il est pertinent de parler d'« administration-parti » car l'attrition des cabinets ministériels conduit à une forme de politisation assumée de la haute fonction publique, devenue le rouage majeur du pouvoir. C'est à elle non plus seulement de préparer les arbitrages, mais de les rendre en concertation avec les ministres compétents, issus eux-mêmes pour beaucoup de la haute fonction publique. D'ailleurs, à peine installé à l'Élysée, Emmanuel Macron reçoit un à un les principaux directeurs d'administration centrale, débat avec eux des réformes à venir et établit un lien direct lui permettant de court-circuiter les ministres.

Dans un essai célèbre sur *Les Sommets de l'État*, écrit en 1977, l'universitaire Pierre Birnbaum met en évidence que l'autonomisation croissante de l'appareil politico-administratif est l'un des prolongements des institutions de la Ve République. « L'emprise de la haute administration sur le pouvoir exécutif apparaît comme la caractéristique essentielle du système politico-administratif de la Ve République [...]. Les ministres ne font que suivre l'exemple des premiers d'entre eux : en effet, tous les Premiers ministres de la Ve République sont des hauts fonctionnaires. C'est le cas de Maurice Couve de Murville et de Jacques Chaban-Delmas, inspecteurs des finances, de Michel Debré et Georges Pompidou, membres du Conseil d'État, de Pierre Messmer, gouverneur de la France d'outre-mer, et de Jacques Chirac, membre de la Cour des comptes », écrit-il. Et l'on pourrait actualiser la liste, en citant de nombreux autres exemples plus récents, y compris celui de François Hollande, dont le corps d'origine est la Cour des comptes. « Sous la Ve République, les hauts fonctionnaires s'emparent du pouvoir exécutif et abandonnent au personnel politique professionnalisé le Parlement qui aura désormais tendance à ne plus exprimer la volonté politique nationale et à se transformer en porte-parole des intérêts locaux », dit-il encore.

Emmanuel Macron n'invente rien. Dans l'organisation de son pouvoir, il ne fait que copier des traits distinctifs du pouvoir bonapartiste, qu'il radicalise, qu'il accentue jusqu'à la caricature.

Emmanuel le Petit

Pour ceux qui le connaissent mal, ou qui ignorent les penchants de la haute fonction publique française, les premiers pas d'Emmanuel Macron en tant que président de la République ont pu surprendre. Lui que l'on savait libéral en économie ne l'est pas apparu en politique, et s'est coulé avec délectation dans les habits quasi monarchiques que l'antidémocratique Constitution de la Ve République offre au chef de l'État.

Au soir du second tour de l'élection présidentielle, le 7 mai 2017, Emmanuel Macron organise une mise en scène qui en dit long sur la pratique du pouvoir dont il veut user. « Ni de gauche ni de droite », il choisit pour célébrer son investiture un lieu qui correspond à cette posture. Ce n'est donc pas la place de la Bastille, le haut lieu de la République, où le « peuple de gauche » est venu célébrer la victoire historique du 10 mai 1981. Ce n'est pas plus la place de la Concorde, qui a souvent les préférences de la droite. Non, c'est au Louvre qu'au soir de sa victoire Emmanuel Macron vient fêter l'événement. Au Louvre, qui reste l'un des plus forts symboles de la monarchie, et plus précisément dans la cour

Napoléon, du nom du tyran qui ordonna la construction de l'esplanade.

Emmanuel Macron, qui n'ignore rien de cela, s'expose ce soir-là au risque, assumé, de s'inscrire dans la filiation bonapartiste. Après Napoléon le Petit, voici donc… Emmanuel le Petit ! Qui ne se souvient des images diffusées sur toutes les chaînes ? La soirée du 10-Mai était une fête collective : c'est le peuple, dans la rue, qui exprimait sa joie. Celle du 7-Mai est une cérémonie quasi impériale : tel un monarque empesé, le nouveau chef de l'État avance, seul et digne, vers l'estrade où il doit parler à la foule. C'est toute la liturgie du Second Empire et celle de la Ve République, cette monarchie républicaine, qui sont mises en scène. Celle d'un régime présidentialiste où le locataire de l'Élysée décide de tout, méprise le Parlement autant que la presse, malmène les syndicats et fait violence à la démocratie sociale. Celle d'un régime autoritaire.

Et, de cet apparat monarchique, Emmanuel Macron abusera les mois suivants. On le verra ainsi, à plusieurs reprises, prendre possession du château de Versailles – que le Roi Soleil avait trouvé plus digne pour lui que le Palais Royal – pour fêter les grands de ce monde venus le rencontrer, chefs d'État ou grands patrons.

À tout ce faste, on pourrait ne pas attacher une trop grande importance, ou n'y voir qu'un caprice personnel, qui ne dit pas grand-chose de la pratique du pouvoir. Mais, au contraire, ce goût de l'apparat, cette posture monarchique sont hautement révélateurs des goûts de la caste.

C'est l'une des grandes surprises de cette présidence. On aurait pu penser que le libéral Emmanuel Macron, jeune et dynamique patron d'une « start-up nation », le serait évidemment en économie, mais tout autant en politique. On aurait pu penser qu'il aurait la volonté de bousculer ou au moins de dépoussiérer les institutions de la Ve République. On aurait pu espérer qu'il sorte de l'exercice solitaire du pouvoir pour mettre plus de collectif dans la vie publique. On aurait pu croire qu'il allait bousculer les syndicats, tout en les respectant et en cherchant à refonder la démocratie sociale. On aurait pu imaginer qu'il ait de la considération pour les contre-pouvoirs, à commencer par le Parlement, et pour les autorités indépendantes.

Bref, on s'est pris à penser qu'il pourrait rompre avec le présidentialisme et, dans une conception libérale au sens anglo-saxon, refonder l'exercice du pouvoir en France, de sorte qu'il soit plus conforme à ce qu'est une véritable démocratie. D'autant qu'Emmanuel Macron a été élu président de la République par défaut. Au premier tour du scrutin, le 23 avril 2017, il arrive en tête, avec 24,01 % des suffrages exprimés, mais, avec une forte abstention, il ne recueille en réalité que 18,19 % des inscrits. Au second tour, il profite non pas d'un vote d'adhésion, mais d'un vote de rejet de sa rivale d'extrême droite, Marine Le Pen.

En 2002, dans des circonstances équivalentes, Jacques Chirac avait trouvé la formule qui convenait – même s'il n'en avait rien fait : « Ce vote m'oblige », avait-il déclaré au pays. D'Emmanuel Macron, on aurait pu espérer des mots courageux. Et de la parole aux actes, on aurait pu croire qu'il chercherait d'abord à redonner vie à une démocratie à bout de souffle, et à rassembler un pays divisé.

Le chef de l'État fait l'exact contraire : même s'il n'a obtenu le soutien que d'une minorité de Français, il ne songe pas un instant à partager le pouvoir. Usant des pouvoirs exorbitants – sans équivalent dans aucune grande démocratie au monde – que lui offrent les institutions, il se transmute sur-le-champ en une sorte d'Emmanuel le Petit autoritaire. Son comportement ne doit rien au hasard : il ne fait que mettre en pratique les conceptions des pouvoirs de l'oligarchie française. Une oligarchie française qui n'a jamais été libérale au sens politique du terme, mais qui s'est, au contraire, toujours accommodée des institutions néo-monarchiques de la Ve République, voulant réformer la France tambour battant, ce qui serait difficile dans un régime démocratique, c'est-à-dire soucieux de l'avis des citoyens ou des délibérations des élus de la nation.

Observons d'abord quelle est la conception du pouvoir d'Emmanuel Macron et comment il l'a mise en pratique. Et voyons par la suite comment elle s'emboîte parfaitement avec les attentes de la caste, avec les relations de plus en plus distendues que celle-ci entretient avec la démocratie. C'est évidemment le plus inquiétant : notre démocratie est en crise profonde, et la haute fonction publique a des penchants qui ne peuvent que l'aggraver. La démocratie étant le pouvoir de tous, et l'oligarchie celui de quelques-uns…

Dès son entrée en fonction, Emmanuel Macron fait comprendre qu'il va concentrer en ses mains les pouvoirs, sans en déléguer aucun. C'est à l'Élysée que tout se décide. La politique étrangère, bien sûr, mais tout autant la politique économique et sociale, comme les autres politiques publiques. Au début du quinquennat, la presse n'en fait guère le constat. Il n'y a que quelques intellectuels à pointer la dérive monarchique dans laquelle s'enferme le chef de l'État, tel Pierre

Rosanvallon, professeur d'histoire au Collège de France, qui sur France Culture – le 26 février 2018 – finit par aller à l'essentiel. Relevant que, pour le président de la République, la seule chose qui importe, c'est sa relation directe avec l'opinion, il résume son comportement : « Puisque je suis élu, je suis plus légitime que les autres corps intermédiaires : c'était le discours que tenait Napoléon III au XIXe siècle. » Avant d'ajouter : « Il appartient à cette tradition jacobine bonapartiste pour laquelle l'onction du suffrage universel l'emporte sur toutes les autres formes de légitimité. »

Cette tradition, c'est aussi celle du *Coup d'État permanent*, titre de l'essai de François Mitterrand – ce qui n'a pas empêché ce dernier de tomber dans les travers qu'il dénonçait. Relisons le constat principal du célèbre pamphlet, et de 1964 à aujourd'hui il n'y a, en vérité, pas grand-chose de changé à la pratique du pouvoir. « Qu'est-ce que la Ve République sinon la possession du pouvoir par un seul homme dont la moindre défaillance est guettée avec une égale attention par ses adversaires et par le clan de ses amis ? Magistrature temporaire ? Monarchie personnelle ? Consulat à vie ? Pachalik ? Et qui est-il, lui, de Gaulle ? Duce, führer, caudillo, conducator, guide ? À quoi bon poser ces questions ? Les spécialistes de droit constitutionnel eux-mêmes ont perdu pied et ne se livrent que par habitude au petit jeu des définitions. »

Et, même si François Mitterrand nuance son propos, le jugement d'ensemble est féroce, suggérant que la France s'éloigne des rivages qui sont ordinairement ceux de la démocratie : « Je veux bien, par complaisance, appeler ce dictateur d'un ton plus aimable : consul, podestat, roi sans couronne […]. Car qu'est-ce que le gaullisme depuis qu'issu de l'insurrection il s'est emparé de la nation ? Un coup d'État de tous les jours. » Y a-t-il aujourd'hui une seule ligne à changer à ce diagnostic ? Il est bien sûr marqué par les circonstances troublées qui ont vu le général de Gaulle, par un coup de force, accéder au pouvoir, mais il résume surtout une pratique du pouvoir qui, elle, n'a jamais changé. Une pratique qui donne quasiment les pleins pouvoirs au chef de l'État, quand bien même ne serait-il soutenu, comme Emmanuel Macron, que par une minorité de Français.

Avec lui, tout procède, plus que jamais, de l'Élysée. Lui seul décide, lui seul agit, lui seul communique. Dès avant son entrée en fonction, alors qu'il était encore ministre de l'Économie, Emmanuel Macron avait fait ouvertement part de sa conception quasi monarchique du pouvoir. Dans un entretien à *Le 1 Hebdo*, publié le 8 juillet 2015, il avait lâché : « La démocratie comporte toujours une forme d'incomplétude car elle ne se suffit pas à elle-même [...]. Dans la politique française, cet absent est la figure du roi, dont je pense fondamentalement que le peuple français n'a pas voulu la mort. La Terreur a creusé un vide émotionnel, imaginaire, collectif : le roi n'est plus là ! On a essayé ensuite de réinvestir ce vide, d'y placer d'autres figures : ce sont les moments napoléonien et gaulliste, notamment. Le reste du temps, la démocratie française ne remplit pas l'espace. On le voit bien avec l'interrogation permanente sur la figure présidentielle, qui vaut depuis le départ du général de Gaulle. Après lui, la normalisation de la figure présidentielle a réinstallé un siège vide au cœur de la vie politique. Pourtant, ce qu'on attend du président de la République, c'est qu'il occupe cette fonction. Tout s'est construit sur ce malentendu. »

Phrases sidérantes, qui constituent une apologie assumée du pouvoir monarchique. Et c'est ainsi qu'au lendemain de son accession à l'Élysée Emmanuel Macron applique ce qu'il avait annoncé. Dans l'édition du mois de mai 2018 de *La Nouvelle Revue française*, il repart à la charge, affirmant la culture faiblement démocratique qui est la sienne, se montrant même un tantinet tyrannique : « J'assume totalement la verticalité du pouvoir [...] et je hais l'exercice consistant à expliquer les leviers de décision », dit-il, avant d'ajouter : « Il faut faire attention à ce que le délibératif ne devienne l'indéterminé [...]. L'enjeu, c'est de retrouver la possibilité de construire, en assumant la part univoque, unilatérale de toute décision. » Faut-il que le présidentialisme, avec tous les abus de droit qu'il tolère, ait mithridatisé notre pays pour que de tels propos n'aient pas suscité un tollé d'indignation ?

Poursuivons la lecture du *Coup d'État permanent*, et on aura tôt fait de constater que la comparaison ne s'arrête pas au seul rôle, omnipotent, du chef de l'État. Elle vaut, tout autant, pour les rôles dérisoires que jouent, dans cette tradition présidentialiste, les ministres, jusqu'au premier d'entre eux. Parlant toujours du chef de l'État, François Mitterrand poursuit : « Le Premier ministre est son aide de camp, les autres ses ordonnances. Ce qui ne l'empêche pas de surveiller son petit monde de près et d'entretenir une escouade d'attachés obscurs et diligents qui oriente et contrôle, de l'Élysée, les actes ministériels. Les membres du gouvernement savent qu'ils dépendent d'une humeur et pour s'y adapter s'entraînent au dressage qui assouplit l'échine. La plupart y réussissent sans forcer leur nature. Certains en souffrent mais tirent un mérite supplémentaire de la difficulté qu'ils ont à se montrer serviles. » Et cette description du rôle du gouvernement est ponctuée par ces formules assassines : « Il y a en France des ministres. On murmure même qu'il y a encore un Premier ministre. Mais il n'y a plus de gouvernement. Seul le président de la République ordonne et décide. Certes, les ministres sont appelés rituellement à lui fournir assistance et conseil. Mais, comme les chérubins de l'Ancien Testament, ils n'occupent qu'un rang modeste dans la hiérarchie des serviteurs élus et ne remplissent leur auguste office qu'après avoir attendu qu'on les sonne. »

À écouter cette férocité, on ne croirait pas que ces lignes ont été écrites à une époque où Georges Pompidou était Premier ministre. On la dirait plutôt ciselée pour qualifier la vie politique intérieure française sous la présidence d'Emmanuel Macron, avec Édouard Philippe à Matignon, ce Premier ministre si convenable, mais totalement effacé, qui prend soin de ne jamais faire de l'ombre au chef de l'État.

Dans la tradition bonapartiste ou présidentialiste, le Parlement est, tout autant, méprisé et ne joue en aucun cas un rôle de contre-pouvoir. Auteur d'une *Histoire d'un coup d'État*, écrite aux lendemains des tragiques événements du 2 décembre 1851, Paul Belouino (1812-1876), un catholique conservateur, résume l'esprit des institutions forgées par Napoléon III et décrit ainsi le régime parlementaire comme un « monstre » dont il fallait « écraser la tête, en modérant le principe de liberté et en restaurant le principe d'autorité ».

À l'unisson, le chroniqueur bonapartiste Bernard-Adolphe Granier de Cassagnac (1806-1880) parle, lui, dans une *Histoire* des événements de l'époque, de la France comme d'un « pays de liberté pratique et décente et d'autorité forte » qui s'est perdu à trois reprises (1789-1799, 1815-1830, 1830-1848) « par l'abus et par l'orgie de la discussion ». Si Assemblée il y a, elle ne peut avoir qu'un rôle croupion.

Relevant que, sous le Second Empire, l'Assemblée a plus pour fonction d'éclairer les choix de Louis-Napoléon que d'être un contre-pouvoir, l'historien Pierre Milza (1932-2018) explique dans sa remarquable biographie de *Napoléon III* ce qu'est la quintessence du bonapartisme : « Il ne peut y avoir deux expressions concurrentes de la voix du peuple : celle qui, empruntant la voie du plébiscite, fait du chef de l'État le représentant exclusif de la souveraineté nationale, et celle qui, par le relais des scrutins législatifs, reconnaît aux députés une part égale de légitimité. » L'historien note que cette Assemblée n'en est pas vraiment une ; les députés n'ont pas l'initiative des lois ; et le choix du président et du vice-président de l'Assemblée est de la responsabilité du chef de l'État.

L'Assemblée, dont l'empereur peut prononcer la dissolution – il le fait en 1857 – est à la botte. Pour le symbole, elle ne porte même pas le nom d'Assemblée mais de « Corps législatif ». Cette appellation ne doit rien au hasard et Napoléon III s'en était lui-même expliqué : « J'ai pris comme modèle les institutions politiques qui, déjà, au commencement de ce siècle, dans des circonstances analogues, ont raffermi la société ébranlée. » Ce fameux Corps législatif était en réalité une invention du Consulat : la chambre de l'époque n'avait que le pouvoir de dire « oui » ou « non » aux textes qui lui étaient soumis. N'ayant pas un vrai pouvoir de délibération, les représentants qui y siégeaient après le coup d'État de 1851 ont donc souvent été moqués pour leur impuissance. Dans une formule fameuse, l'un des défenseurs de Louis-Napoléon après son coup d'État raté de Boulogne, l'avocat légitimiste Pierre-Antoine Berryer (1790-1868) les qualifie ainsi de « législateurs muets » et refuse à ce titre de continuer de siéger. Ce sobriquet de « muets » fait florès pendant tout le Second Empire.

Dans son *Napoléon le Petit*, Victor Hugo lui aussi tonne contre cet abaissement de la fonction parlementaire, estimant que le « Corps législatif » est « pâle, maigre, triste » ; qu'il est le domestique de « la boutique où se fabriquent les lois et les budgets ». Évoquant les institutions mises en place par Napoléon III, la célèbre *Histoire de la France contemporaine*, publiée en 1921 sous la direction d'Ernest Lavisse (1842-1922), fait ce constat encore plus sévère : « L'esprit de cette Constitution est la haine du régime parlementaire. » Et le célèbre historien savait de quoi il parlait : chaud partisan du Second Empire, il a même été le précepteur du prince impérial, avant de rallier sur le tard le camp républicain.

Cette tradition antiparlementaire des « muets », cette « haine », on les retrouve sans trop de surprise dans les institutions qui voient le jour en 1958, tout comme dans la politique conduite par Emmanuel Macron. Adossée à une majorité écrasante, celle des jeunes députés de LREM, l'Élysée aurait pu leur lâcher la bride ; l'on aurait assisté à quelques couacs de débutants, mais la vie parlementaire serait redevenue rafraîchissante ; on aurait pu s'attendre à de grands et beaux débats ; et qu'il y ait même des débats au sein du groupe LREM.

Non. Dès les premiers mois du quinquennat, le groupe parlementaire LREM se distingue par son inexistence. Passe encore que, sur les questions économiques et sociales, sur lesquelles le candidat Macron avait clairement annoncé la couleur pendant la campagne, la majorité délibère le doigt sur la couture du pantalon. Mais sur d'autres sujets, où le chef de l'État a aussitôt fait le contraire de ce qu'il avait annoncé, comme celui des migrants, on aurait pu espérer que des députés rappellent l'Élysée et Matignon au devoir d'hospitalité. Las ! Il n'y a, pendant l'hiver 2017, quand est connue la circulaire Collomb organisant la politique d'accueil des réfugiés la plus réactionnaire et la plus féroce des dernières années, qu'une minuscule poignée de députés LREM frondeurs, comme Sonia Krimi (députée de la Manche), Sébastien Nadot (Haute-Garonne) ou Jean-Michel Clément (Vienne). Les « muets » : la tradition présidentialiste d'une Assemblée à la botte, entérinant sans barguigner tous les textes de l'exécutif, fonctionne encore.

Il faut finalement attendre le mois d'avril 2018, pour qu'enfin de véritables fractures apparaissent au sein du groupe parlementaire LREM, à l'occasion de l'examen en première lecture à l'Assemblée nationale du projet de loi « asile et immigration », plusieurs députés de la majorité refusant de ratifier certaines des mesures les plus répressives du texte, dont le doublement de la durée de rétention des sans-papiers, ou se battant, en vain, contre l'enfermement des enfants dans les camps. Mais, dans un parti caporalisé, la fronde est limitée : au final, seulement 14 députés LREM ont l'extrême audace de s'abstenir ; le seul qui vote contre, Jean-Michel Clément, doit aussitôt quitter le groupe parlementaire pour éviter une sanction.

Pierre Rosanvallon a donc raison d'inscrire Emmanuel Macron dans la filiation du bonapartisme français qui, du Second Empire à aujourd'hui, a corrodé notre démocratie. On pourrait y voir aussi une résurgence d'une forme de populisme – qui entretient avec le bonapartisme des liens étroits de cousinage, du fait de la conception verticale du pouvoir qu'il promeut, du rapport direct avec le peuple qu'il suppose. Pierre Rosanvallon n'en disconvient pas puisque, dans le cours de la même émission, il dit d'Emmanuel Macron qu'il peut être perçu comme « la version élégante du populisme ». Une version atypique, totalement nouvelle : le populisme chic, le populisme version CAC 40.

En faut-il d'autres indices, ce sont naturellement les ordonnances qui les fournissent. Non pas qu'il n'y ait pas eu d'ordonnances progressistes en France. Les cas sont même nombreux. Des gouvernements ont usé, dans le passé, de cette procédure expéditive pour de bonnes raisons : à cause du tumulte de la vie politique du moment, à cause de la situation d'urgence absolue dans laquelle le pays se trouvait… S'il en faut une première illustration, on la trouve dans les conditions par lesquelles la République se refonde à la fin de la dernière guerre mondiale. C'est en effet par une ordonnance célèbre, celle du 9 août 1944, que la République renaît. « La forme du gouvernement de la France est et demeure la République. En droit, celle-ci n'a pas cessé d'exister », proclame fièrement l'article premier de cette ordonnance relative au rétablissement de la légalité républicaine, qui est signée par le général de Gaulle au nom du gouvernement provisoire de la République et promulguée d'Alger.

Ce n'est d'ailleurs pas la seule ordonnance progressiste dont la France profite juste avant la Libération ou dans les mois qui suivent. Par une ordonnance du 21 avril 1944 « portant organisation des pouvoirs publics en France après la Libération » et promulguée par le Comité français de libération nationale (CFLN), il est institué à l'article 17 une mesure de portée historique : « Les femmes sont électrices et éligibles dans les mêmes conditions que les hommes. » Ce que confirme quelque temps plus tard une autre ordonnance, en date 5 octobre 1944, prise toujours d'Alger par le gouvernement provisoire. Les femmes françaises, pour la première fois, peuvent exercer leur droit de vote à l'occasion des élections municipales du 29 avril 1945. Dans l'urgence de la reconstruction de la France et de sa République démocratique et sociale, l'ordonnance est un moyen privilégié pour aller vite et mettre en œuvre de nombreuses promesses du Conseil national de la Résistance (CNR), consignées dans son formidable programme intitulé « Les jours heureux ». Et c'est dans le même contexte que, par une ordonnance du 4 octobre 1945 « portant organisation de la Sécurité sociale », la France se dote du plus formidable des outils pour l'égalité sociale, comme le résume l'article premier : « Il est institué une organisation de la Sécurité sociale destinée à garantir les travailleurs et leurs familles contre les risques de toute nature susceptibles de réduire ou de supprimer leur capacité de gain, à couvrir les charges de maternité et les charges de famille qu'ils supportent. »

Le plus souvent, cependant, le recours aux ordonnances n'est intervenu dans l'histoire française que pour de mauvaises raisons : pour passer en force ; pour faire violence au pays ou au Parlement. D'abord, le recours à l'ordonnance est un legs de la monarchie ; et, loin de s'en défaire, notre République y a eu de plus en plus recours. Et c'est l'une des racines de son abaissement…

Depuis le début de la monarchie, l'ordonnance est au cœur du fonctionnement de l'Ancien Régime, et elle continue d'être utilisée jusque sous la Restauration ou la monarchie de Juillet. Quatre ordonnances, celles dites de Saint-Cloud, signées par Charles X (1757-1836), marquent en particulier l'histoire française du XIXe siècle : refusant le résultat des élections législatives de juin et juillet 1830, le roi organise avec ces quatre ordonnances, promulguées le 25 juillet 1830, un véritable coup de force en suspendant la liberté de la presse et en dissolvant une Chambre à peine élue. Ce qui déclenche les célèbres « Trois Glorieuses » – les trois journées d'insurrection des 27, 28 et 29 juillet 1830, immortalisées par Eugène Delacroix (1798-1863) dans sa *Liberté guidant le peuple.*

Le roi Louis-Philippe (1773-1850) use lui aussi en permanence des ordonnances pour gouverner. Sous le Second Empire, les pratiques autoritaires perdurent, même si l'appellation change : ce ne sont plus des ordonnances que prend Napoléon le Petit mais des décrets impériaux. Un peu plus d'un an après le coup d'État du 2 décembre 1851, on en trouve trace dans une longue proclamation du 14 janvier 1852, par laquelle Louis-Napoléon se transmute en Napoléon et s'attribue par décret le pouvoir impérial.

Cette tradition du coup de force – du décret sans débat, ou du décret-loi, qui s'apparente en tout point à une ordonnance – va aussi polluer la IIIe République. L'exemple le plus célèbre, et le plus mortifère, est celui du gouvernement de Pierre Laval (1883-1945), qui va conduire le pays vers la déflation en organisant une politique violente d'austérité, alors que la France ne s'est toujours pas remise des ondes de choc de la crise mondiale de 1929. Là encore, c'est par le truchement du décret-loi que le président du Conseil agit. Au total, 29 décrets-lois sont ainsi promulgués le 16 juillet 1935, dont le plus célèbre d'entre eux institue « un prélèvement général de 10 % sur les dépenses publiques », prélèvement qui vaut tout autant pour les salaires des fonctionnaires, les retraites publiques, que les intérêts des emprunts.

Passons vite sur le régime de Vichy. Car, là encore, on dénombre une foison d'ordonnances, mais elles sont à l'initiative des autorités allemandes, notamment pour organiser la persécution et la déportation des juifs. Venons-en à la Ve République, car c'est à cette époque que cette pratique détestable va se banaliser. Dans ce système de monarchie républicaine qui voit le jour en 1958, reléguant le Parlement à un rôle accessoire et concédant des pouvoirs exorbitants à un seul homme, la pratique de l'ordonnance va devenir plus fréquente, et plus généralisée.

D'abord, dans le prolongement du coup d'État à froid perpétré par le général de Gaulle (1890-1970), les dispositions les plus importantes de la Ve République voient le jour par le biais d'ordonnances, autorisées par l'article 92 de la Constitution – article qui ne sera abrogé qu'à l'occasion de la révision constitutionnelle du 4 août 1995. Dès les premiers pas de la Ve République, l'organisation des pouvoirs de cette monarchie républicaine est imposée sous forme d'ordonnances, sans que le Parlement n'en délibère ni qu'une juridiction n'en vérifie la légalité ou la constitutionnalité. Ici commence le coup de force gaulliste : de l'élection du président de la République, en passant par les règles de fonctionnement des assemblées parlementaires, jusqu'à celles du Conseil constitutionnel ou au rôle dérisoire du Parlement, transformé en simple chambre d'enregistrement, en matière de loi de finances, tout le fonctionnement de la Ve République est décidé de manière autoritaire. Les ordonnances sont à la fondation, aux sources mêmes de cette Constitution antidémocratique. Elles en sont la quintessence.

Dit autrement, le fonctionnement antidémocratique des institutions de la Ve République n'a pas même fait, à l'origine, l'objet d'une délibération démocratique. Constitution autoritaire, elle a été conçue de manière autoritaire.

Or ce qu'il y a d'accablant, c'est que, au-delà de 1958, plus les années passent, plus le recours à l'ordonnance devient fréquent. Les ordonnances sont un outil normal d'administration publique. Quelques ordonnances fameuses ont marqué l'histoire politique contemporaine, mais en réalité, depuis 1958, ce sont des milliers d'ordonnances dont on n'a jamais parlé. C'est dire si notre démocratie est nécrosée.

Au nombre des ordonnances connues – qui ont toutes laissé un détestable souvenir –, il y a ainsi celles prises sous la première cohabitation. Car, pour éviter un grand débat sur des mesures nombreuses et hautement symboliques, le gouvernement de Jacques Chirac décide aussi de passer en force, en promulguant la loi du 2 juillet 1986 l'autorisant à prendre par ordonnance « diverses mesures d'ordre économique et social ». Sous des apparences anodines, il s'agit d'une loi explosive. Elle donne le coup d'envoi des privatisations : en annexe de la loi, on trouve, après l'article 8, la liste de la quasi-totalité des banques et des groupes industriels promis à la privatisation. Et puis, dans cette loi fourre-tout, il y a aussi – déjà ! – de nombreuses dispositions visant à commencer le démantèlement du code du travail. À titre d'illustration, l'article 2 de la loi autorise le gouvernement, par ordonnances, à « apporter aux dispositions du code du travail les modifications permettant, d'une part, de lever certains obstacles au recours au contrat de travail à durée déterminée et au travail temporaire et, d'autre part, de favoriser l'exercice du travail à temps partiel ; apporter aux dispositions du code du travail relatives à la durée du travail et à l'aménagement du temps de travail les modifications permettant, compte tenu des négociations entre les partenaires sociaux, d'adapter les conditions de fonctionnement des entreprises aux variations de leur niveau d'activité et aux conditions économiques générales ». On sait ce qu'il en advint : François Mitterrand refusa d'homologuer certaines de ces ordonnances, celles sur les privatisations. Le gouvernement Chirac veut donc faire l'économie d'un grand débat parlementaire. Il engage la dérégulation du code du travail – que poursuivront méthodiquement tous les gouvernements ultérieurs, de droite et de gauche – et souhaite que cette modification radicale du modèle social français se fasse sans que le

Parlement ne puisse en délibérer dans le détail. Avec les privatisations, il initie une réforme colossale qui va entraîner une ruée des grands fonds d'investissement anglo-saxons sur les grands groupes français, puis une modification de leur gouvernance, et enfin un basculement de la France vers le capitalisme d'actionnaires à l'anglo-saxonne. Et, de cela non plus, le gouvernement ne veut pas que le Parlement délibère sereinement. À l'époque, le gouvernement de Jacques Chirac imagine-t-il seulement l'onde de choc que ces privatisations vont provoquer dans tout le modèle français ?

Le socialiste Pierre Joxe, qui dirige alors le groupe socialiste à l'Assemblée, fait un formidable discours quand ce projet de loi est examiné, dénonçant la procédure expéditive : « Le débat public est une des conditions de la République », dit-il dans une formule d'une formidable actualité.

Parmi les recours aux ordonnances dont l'opinion garde le souvenir, il y a ceux dont use le Premier ministre Alain Juppé. Porté par Jacques Chirac à Matignon pour lutter prétendument contre la « fracture sociale », il tourne vite casaque et met en œuvre aux forceps un plan de restructuration de l'assurance maladie, qui déclenche une crise sociale majeure dans le pays. Pour passer à la hussarde et aller le plus vite possible, le gouvernement dégaine de nouveau les ordonnances. Après avoir annoncé son plan le 15 novembre 1995, Alain Juppé prépare donc un projet de loi « autorisant à réformer la protection sociale » qui sera promulgué le 31 décembre. Ce qui débouchera sur une avalanche d'ordonnances dans les premiers mois de 1996, pour réformer l'assurance maladie à la hache.

C'est dans cette filiation que s'inscrit Emmanuel Macron, sitôt installé à l'Élysée. D'abord pour faire passer en force son plan pour démanteler le code du travail ; ensuite pour engager l'ouverture à la concurrence du service public du transport ferroviaire et ouvrir la voie à une possible privatisation de la SNCF.

Or, en ces matières, le recours aux ordonnances est particulièrement inquiétant : la démocratie parlementaire est bafouée et la démocratie sociale piétinée. Pendant les Trente Glorieuses, la politique contractuelle était au cœur de la politique sociale de tous les gouvernements ; puis elle est entrée en crise, comme le paritarisme, l'État prenant de plus en plus les décisions sans laisser les partenaires sociaux trouver entre eux des accords. Le recours aux ordonnances en matière de droit du travail est l'étape ultime du coup d'État social. Au diable les partenaires sociaux ! Au diable les syndicats ! Puisqu'il faut aller vite, les négociations sont une perte de temps.

C'est aussi en cela que *Le Coup d'État permanent* de François Mitterrand est toujours d'actualité : « On voit que l'évolution vers le néant des droits du citoyen a été rapide », s'inquiétait l'auteur. Et c'est aussi ce constat qui vient à l'esprit quand on s'applique à dresser un premier bilan de l'action d'Emmanuel Macron. Car jamais un pouvoir ayant recueilli aussi peu de suffrages dans le pays n'a mis en chantier un nombre aussi invraisemblable de réformes, toutes plus explosives les unes que les autres, en méprisant de manière aussi ostensible les droits du Parlement, en même temps que les règles de la démocratie sociale.

Alors, pourquoi Emmanuel Macron use-t-il de cette méthode ? C'est ici que le legs du bonapartisme qui empoisonne la démocratie depuis si longtemps croise notre enquête sur la caste de Bercy. Car, au fil des années, un sentiment d'exaspération n'a cessé de croître dans la haute fonction publique de Bercy. Parce que, si la droite comme la gauche ont conduit depuis vingt ans des politiques de plus en plus franchement libérales, elles l'ont fait à leur rythme, pas toujours accéléré ; parce qu'aux yeux de cette oligarchie il faudrait presser la cadence, accélérer les réformes dites structurelles.

Dire que la caste, dont nous nous sommes appliqué à retracer le comportement, se défie de la démocratie, ou s'en écarte, serait assurément excessif. Mais, pour de nombreux hauts fonctionnaires, c'est à coup sûr une perte de temps, malheureusement. Une perte de temps, parce que les politiques font des promesses inconsidérées à chaque échéance électorale ; parce que les partenaires sociaux veulent être consultés et retardent d'autant la mise en forme de ces réformes. Sans l'exprimer de manière aussi brutale, beaucoup des membres de la caste ont la conviction qu'eux savent ce qui est bon pour le peuple, qui lui-même ne sait pas.

Dans cette nouvelle génération de hauts fonctionnaires, il y a une forme de dédain oligarchique pour le petit peuple qui ne comprend pas que le train de vie de la France est trop élevé, que la dépense publique et surtout la dépense sociale doivent impérativement être contenues…

Quiconque a approché ces hauts fonctionnaires de Bercy sait de quoi je parle. Dans le cas de la réforme des retraites, le discours dominant est en boucle : pourquoi les politiques avancent-ils si lentement ? Alors que, depuis le début des années 1990, et notamment depuis le célèbre « Livre blanc » de Michel Rocard, le diagnostic est posé, pourquoi les gouvernements n'ont-ils procédé que par touches successives, un premier pas étant fait par Édouard Balladur, un autre par Alain Juppé, un autre par Jean-Pierre Raffarin ?

Bercy, à l'instar des marchés financiers, privilégie le court terme. Par-dessus tout, il déteste le débat public. Puisqu'il n'y a qu'une seule politique possible, il n'y a pas de place pour la contradiction ou pour l'interpellation. Et encore moins pour la négociation. Sans même parler de paritarisme. C'est peu dire qu'il existe dans ces sphères élevées une forme d'exaspération radicale et de mépris à l'égard des politiques.

En cela, le quinquennat qui commence a des allures de revanche. D'un seul coup, le clan des hauts fonctionnaires voit avec ivresse l'un des siens accéder à la fonction suprême et en capacité d'appliquer ce qu'il préconise depuis des années. Emmanuel Macron est devenu populaire dans ces milieux oligarchiques. Il a exprimé leur conviction qu'il fallait désormais conduire une politique de rupture. Poursuivre la politique néolibérale des gouvernements antérieurs au pas de course. Sans se demander si le pays va suivre, sinon se rebeller. Rattraper le temps perdu, en somme. Poursuivre en même temps toutes les réformes libérales trop longtemps différées.

C'est pour cette raison qu'Emmanuel Macron et la caste dont il est le porte-étendard ne sont pas adeptes du libéralisme politique. Pour ces cercles dirigeants, les institutions du coup d'État permanent sont les plus adaptées pour conduire les réformes : réforme du code du travail en même temps que réforme de la formation professionnelle, remise en cause des obligations de service public de la SNCF et nouvelle réforme des retraites.

Car c'est ce qu'il y a de plus spectaculaire dans l'action conduite par Emmanuel Macron : il n'y a pas de temps pour de véritables concertations – ou alors juste un simulacre, comme pour les ordonnances –, pas de temps pour que le Parlement délibère souverainement. Avec, au bout du compte, ce paradoxe, qui est la marque du quinquennat Macron : à la boulimie libérale répond l'anorexie démocratique.

Encore faut-il dire que l'expression d'anorexie démocratique ne donne qu'une faible idée de l'autoritarisme d'Emmanuel Macron, qui le conduit au recours constant à la violence policière. Un jour, ce sont les migrants qui sont les victimes de cette violence, le lendemain les étudiants, le surlendemain les zadistes.

Ce penchant néomonarchique d'Emmanuel Macron, on en trouve aussi une trace dans les relations qu'il entretient avec la presse. Ne dissimulant pas son mépris à l'égard des journalistes, verrouillant souvent sa communication, il a une relation avec France Télévisions qui donne la mesure du dédain qu'il a pour le droit de savoir. Se souvient-on par exemple de son entretien en complaisance (et connivence), le dimanche 17 décembre 2017, avec Laurent Delahousse, pour présenter son bilan présidentiel des six premiers mois. Le lendemain, sous le titre « Macron : interview debout, journalisme couché », mon confrère Hubert Huertas, sur Mediapart, résume ce qu'il faut en retenir : « On attendait de la densité, on eut des amabilités, et deux marcheurs qui marchaient pour enfoncer quelques portes ouvertes mais ornées de dorures. Michel Droit-de Gaulle, c'était en noir et blanc ; Laurent Delahousse-Macron, c'est en couleurs. Mais le naufrage du journalisme est le même. » Tant il est vrai que, dans les régimes présidentialistes, tout particulièrement en France, la presse n'a pas de véritable légitimité démocratique. Du Second Empire à aujourd'hui, la « bonne presse » est à la botte, croquée par quelques puissances financières amies.

Cet entretien télévisé est certes contrebalancé par un autre, autrement plus pugnace, le 15 avril 2018, conduit par Edwy Plenel pour Mediapart et Jean-Jacques Bourdin pour BFM-TV, au cours duquel les deux journalistes bousculent les codes monarchiques du genre. Il n'empêche : Emmanuel Macron déteste la presse et ne cesse de le manifester dans l'immuable tradition du présidentialisme français. Autre preuve, dès la première année de son quinquennat, pas moins de deux textes sont soumis au Parlement – une proposition de loi sur le secret des affaires, et un projet de loi sur les *fake news* – ayant pour effet de contourner la grande loi démocratique sur la presse de 1881, et de restreindre le droit de savoir des citoyens.

Lors de la campagne électorale, le candidat Macron avait aussi suggéré qu'il envisagerait, en cas de victoire, de remettre en place les chasses présidentielles abolies par Jacques Chirac. Et de la parole aux actes : installé à l'Élysée, il confirme son projet de rétablir les chasses royales, symbole de l'Ancien Régime, qui se déroulaient depuis François Ier dans les lieux les plus prestigieux de la monarchie à Rambouillet (Yvelines) ou à Chambord (Loir-et-Cher). Triste abaissement de la République. Emmanuel Ier a même privatisé – officiellement sur ses deniers personnels, a-t-on assuré – le château de Chambord, du 15 au 17 décembre 2017, pour y célébrer son quarantième anniversaire.

Porté au pouvoir par accident, du fait d'une crise démocratique historique, le chef de l'État risque de l'aggraver encore. Lui qui aime, de proche en proche, saluer la mémoire de Pierre Mendès France (1907-1982), pour suggérer qu'il inscrit son action dans le prolongement de la sienne, serait pourtant bien avisé de se souvenir des valeurs démocratiques que son modèle défendait. Malgré son respect pour Charles de Gaulle, Pierre Mendès France s'est dressé contre lui en défense de ces valeurs. « Le président de la République est un véritable monarque, non héréditaire toutefois », s'insurge-t-il lors d'une conférence de presse, le 6 septembre 1958, trois semaines avant le référendum sur les nouvelles institutions.

Peu après, dans un éditorial des *Cahiers de la République*, il prononce un jugement encore plus sévère : « Ayant renoncé à toute dynastie, l'idée monarchique se survit toujours en France, en faveur d'une investiture temporaire ou viagère donnée à un homme qui représentera "l'ordre" et "l'autorité", contre la volonté populaire. Peu importe qu'il s'agisse de Louis-Philippe, de Napoléon III, de Mac-Mahon ou de Pétain, elle trouve toujours un homme dont elle exploite le prestige pour tenter l'opération. La pensée réactionnaire, qui n'a pas d'idées à revendre, retombe, on le voit, une fois encore, dans les vieilles ornières. »

Ornières dans lesquelles nous enferre Emmanuel le Petit, au péril de la démocratie.

« Les eaux glacées du calcul égoïste »

Qu'Emmanuel Macron perpétue la longue tradition de la monarchie républicaine, ou du présidentialisme, ne fait guère de doute : il est le dernier avatar du bonapartisme français. Il faut toutefois manier cette comparaison avec précaution : si Emmanuel Macron s'inscrit dans cette filiation historique, il le fait à sa façon, assumant certains volets du legs et rejetant d'autres aspects, particulièrement la fibre sociale qui est parfois l'un des marqueurs des régimes bonapartistes. La politique néolibérale conduite par le champion de la République en Marche vise à dynamiter une partie du modèle social français, issu des Trente Glorieuses. Il s'y prend avec froideur, de façon méthodique et insensible, presque sans affect. Il y a, pour tout dire, une absence d'empathie dans l'attitude du chef de l'État – une absence d'empathie technocratique, comme si derrière les chiffres et les statistiques, qu'il manie avec talent, il n'y avait pas des hommes et des femmes, pas de souffrances ni de grandes difficultés.

Que l'on veuille bien en effet se replonger un instant dans cette tradition si française, et on trouve vite la confirmation que le bonapartisme français s'est souvent présenté sous des atours autoritaires mais aussi en affichant, parfois avec beaucoup d'hypocrisie, une fibre sociale.

Pour comparaison, arrêtons-nous sur le cas de Napoléon III, qui agit par foucades. Conduisant une politique clientéliste, en faveur un jour du monde agricole, le lendemain des milieux d'affaires, il est aussi capable d'embardées imprévisibles. Il accompagne l'essor de la révolution industrielle, appuie la politique de grands travaux, notamment ceux conduits dans la capitale par l'ultrabonapartiste baron et préfet Haussmann (1809-1891), mais il le fait à sa manière, brutale et autoritaire, sur fond de spéculation. Que faut-il donc retenir de Napoléon III ? En vérité, chacun peut y picorer ce qu'il veut. Grâce au traité de libre-échange avec l'Angleterre, il fait figure d'ultralibéral. Grâce à sa politique de grands travaux, l'expansion autour des chemins de fer, la révolution du Crédit mobilier, et grâce à l'influence qu'exercent sur lui les cercles saint-simoniens, il peut aussi passer pour un keynésien avant la lettre. Ou un précurseur de Schumpeter.

Dans plusieurs articles du *New York Tribune*, en 1856, Karl Marx est parmi les premiers à tourner en dérision cet étrange fatras qui fait office de politique économique, sur fond d'intense spéculation : « Ainsi, le Crédit mobilier affiche son intention de devenir propriétaire de toutes les industries de France avec Napoléon le Petit comme directeur général. C'est ce que nous appelons le "socialisme impérial". » Et il se moque du saint-simonisme devenu « l'ange gardien de la Bourse de Paris, le prophète de l'escroquerie, le messie de la corruption ». Dans ses *Souvenirs,* pourtant écrits peu avant le coup d'État, Alexis de Tocqueville dresse lui aussi un portrait de Napoléon III d'où émerge d'abord la confusion : « Son intelligence était incohérente, confuse, remplie de grandes pensées mal appareillées, qu'il empruntait tantôt aux exemples de Napoléon, tantôt aux théories socialistes, quelquefois aux souvenirs de l'Angleterre où il avait vécu ; sources très différentes, et souvent fort contraires. Il les avait péniblement ramassées dans des méditations solitaires, loin du contact des faits et des hommes, car il était naturellement rêveur et chimérique. »

Mais, dans ce fatras, le Second Empire a parfois une coloration sociale sinon socialisante. Pour faire contrepoids aux milieux d'affaires que le traité de libre-échange avec l'Angleterre exaspère, Napoléon le Petit cherche ainsi un moment à se concilier les classes populaires, en subventionnant la délégation conduite en 1862 par l'ouvrier Henri Tolain (1828-1897) à l'Exposition universelle de Londres, rendez-vous qui mènera, avec d'autres, à la proclamation de l'Association internationale des travailleurs. Il accepte aussi de ratifier en 1864 la première disposition législative reconnaissant le droit de grève.

Le gaullisme présente des caractéristiques communes. Courant autoritaire, il n'en a pas moins longtemps développé des idées teintées, en certaines circonstances, d'une ambition sociale. Avec des personnalités comme Louis Vallon (1901-1981), René Capitant (1901-1970) ou Jean Charbonnel (1927-2014), il y a même dans les débuts de la Ve République un authentique courant de gaullistes de gauche, qui affichent des idées sociales. Compagnon du général, Jacques Chaban-Delmas (1915-2000), à l'époque où il dessine avec Jacques Delors son projet de « nouvelle société », adossée à l'intéressement et à la participation, s'inscrit aussi dans cette filiation. Tout comme, plus tard, Philippe Séguin, qui défend une partie de sa vie sa conception d'un gaullisme social.

S'installant à l'Élysée, Emmanuel Macron ne retient que le pire de cette culture politique : il adopte l'autoritarisme, mais jamais l'inspiration sociale. Un moment, pendant la campagne présidentielle, le candidat de la République en Marche avait suggéré qu'il tiendrait les deux bouts de la corde. C'est son fameux « en même temps ». Mais, très vite, le « en même temps » est oublié et la politique conduite est 100 % néolibérale, et pas le moins du monde sociale-libérale, et encore moins sociale.

En somme, le macronisme, c'est une variété hybride du bonapartisme : c'est l'autoritarisme d'un régime quasi monarchique, mais sans la moindre coloration sociale. Comment pourrait-il en être autrement ? Par définition, le social-libéralisme repose sur un troc : les salariés acceptent davantage de flexibilité en contrepartie de nouvelles sécurités. Il exige donc un pacte social, conclu par des partenaires sociaux à qui sont reconnus des pouvoirs de négociation. Or, avec Emmanuel Macron, rien de tel : des concertations sont imaginables, mais surtout pas des négociations. Du coup, le quinquennat d'Emmanuel Macron promet une folle farandole de mesures antisociales – démantèlement par ordonnances de pans entiers du code du travail et du droit du licenciement, refus de tout coup de pouce en faveur du salaire minimum, gel confirmé des rémunérations publiques, renforcement du contrôle des chômeurs, réforme de la retraite avec l'introduction d'un système par points, suppression des effectifs publics, hausse de la CSG pour les retraités, y compris les plus modestes…

Ce régime est le plus régressif que l'on ait connu depuis les débuts de la Vᵉ République, et le plus désinhibé : il conduit sa politique de déconstruction du modèle social français de la manière la plus violente. Presque avec ostentation. Cette caractéristique renvoie à un trait qui est sans doute celui d'Emmanuel Macron, mais qui plus largement a contaminé la haute fonction publique du ministère des Finances : l'adoration, quasi fétichiste, pour les chiffres – les 3 % de déficits publics, les 60 % d'endettement public… – qui ne sont, après tout, que des conventions ; et la détestation de la question sociale, sinon même le mépris de classe…

De ce trait un tantinet méprisant, on trouve d'innombrables indices. D'abord, les sorties d'Emmanuel Macron – tantôt des gaffes, tantôt du mépris assumé – qui donnent à comprendre ce qu'il pense des plus modestes : de ces ouvrières de chez Gad qui sont « pour beaucoup des illettrées » ; de ces ouvriers de Lunel, dans l'Hérault, qui n'ont pas compris que « la meilleure façon de se payer un costard, c'est de travailler » ; de ces « gens qui ne sont rien », que l'on croise dans les gares, à côté des « gens qui réussissent » ; de ces « fainéants » auxquels il ne veut rien céder, pas plus qu'aux « cyniques » ou aux « extrêmes » ; ou encore de ceux qui préfèrent « aller foutre le bordel » plutôt que « d'aller regarder s'ils ne peuvent pas avoir des postes »…

Et puis, il y a les protestations formulées par des associations citoyennes ou humanitaires – qui se tiennent d'ordinaire à distance du débat politique – ou par des proches d'Emmanuel Macron, qui s'indignent de certains volets de la politique de leur champion. Qui ne se souvient de l'amertume suscitée jusque dans son entourage par sa politique migratoire ? Pendant la campagne présidentielle, Emmanuel Macron, s'il inquiète en de nombreux points par son programme néolibéral, a au moins le mérite de laisser espérer, en cas de victoire, une politique qui rompt avec la dureté, voire la cruauté, des années antérieures.

Citant Angela Merkel, estimant qu'elle a sauvé la « dignité collective » de l'Europe en accueillant plus de 1 million de réfugiés, il annonce, le 10 janvier 2017, de Berlin, une ère plus généreuse pour prendre en compte cette catastrophe humanitaire historique : « On ne peut pas revoir nos valeurs à l'aune des risques du monde », ajoute-t-il.

Mais à peine est-il élu qu'il tourne casaque, valide la politique ultraréactionnaire de Gérard Collomb, son ministre de l'Intérieur, qui, au travers de sa circulaire puis de son projet de loi, n'a qu'une obsession : accélérer les reconduites à la frontière. « Les actes du ministre de l'Intérieur m'ont rempli de honte. On ne peut pas faire de l'inhumanité une politique », se révolte l'avocat François Sureau, qui figure parmi les proches du chef de l'État. « M. Macron, votre politique contredit l'humanisme que vous prônez ! », protestent dans une tribune publiée par *Le Monde*, le 16 janvier 2018, des syndicalistes et des intellectuels, parmi lesquels Jean Pisani-Ferry, le commissaire général de France Stratégie, qui a joué un rôle clé dans l'élaboration du programme d'Emmanuel Macron.

Le prix Nobel de littérature, Jean-Marie Le Clézio, dénonce un « déni d'humanité insupportable » : « Je reste scandalisé par la manière dont sont appliquées les directives du ministre de l'Intérieur [...]. On continue à infliger de mauvais traitements à des gens sans défense [...]. Fermer ou ouvrir les frontières reste une question, mais une fois que les gens sont en France, il est inacceptable de mal les traiter », dit-il, le 11 janvier 2018, dans *Le Journal du dimanche.* « S'il est avéré que pour faire déguerpir les migrants qui dorment sous une bâche par six degrés au-dessus de zéro les milices crèvent leurs tentes [...]. S'il est avéré qu'on pourchasse les misérables comme s'ils étaient des chiens errants. Eh bien, cela est dégueulasse. Il n'y a pas d'autre mot », poursuit-il dans *L'Obs*, la même semaine. Or, ce qui retient l'attention, c'est que ce genre d'indignations, exprimées par des personnalités qui habituellement répugnent à entrer trop avant dans les controverses publiques, se multiplient.

Cette insensibilité à la question sociale, ou aux impacts humains des politiques publiques, vient assurément de loin. Je me permets de livrer un témoignage personnel, qui m'apparaît éclairant. Voici vingt ou trente ans, il y avait dans tous les cabinets ministériels des conseillers en charge des questions sociales, dont les goûts et le parcours les rattachaient de cent façons à la vie sociale du pays. Les attributions de ces conseillers allaient de soi : il ne s'agissait pas seulement d'établir des notes pour le ministre concerné, mais de connaître comme sa poche le mouvement syndical ou associatif, d'aller boire un coup de « rouge » un jour avec le responsable d'une fédération de Force ouvrière, ou d'arpenter le lendemain les coulisses d'un débat de la CGT. Pour beaucoup de dirigeants politiques, la proximité avec les représentants du monde salarié était identique. Tout libéral qu'il soit, le ministre socialiste des Finances Pierre Bérégovoy avait table ouverte pour les dirigeants des centrales syndicales. Parce qu'il considérait que, même si ces questions ne relevaient pas de son périmètre ministériel, il ne devait pas se priver de ces capteurs. Parce qu'il venait lui aussi du monde ouvrier.

Mais, depuis, de l'eau a coulé sous les ponts. Progressivement, la question sociale a été reléguée au second plan. Les conseillers sociaux des ministères ont, eux-mêmes, beaucoup changé : plus éloignés du monde salarié, ils se sont plus intéressés au volet social des finances publiques – les comptes de l'assurance maladie et plus généralement de la protection sociale… – qu'à la question sociale elle-même. En quelque sorte, ce sont les grandes directions ou administrations de Bercy qui ont pris l'ascendant sur les autres. Que pèse aujourd'hui la direction du Travail face à la direction du Trésor ou l'Inspection des finances ? On devine la réponse : rien. Ce qui n'a pas toujours été le cas, quand par exemple le ministère du Travail était occupé par Martine Aubry ou par Philippe Séguin.

Emmanuel Macron est l'héritier de cette évolution au terme de laquelle toutes les questions sociales se réduisent à leur aspect comptable. Que représente une hausse de 1,7 point de la CSG pour des retraités modestes dont les fins de mois sont déjà difficiles ? Quels sacrifices contre une baisse de 5 euros des aides personnalisées au logement (APL) pour des étudiants, une catégorie sociale qui a été touchée plus que d'autres cette dernière décennie par les avancées de la pauvreté ? À l'instar de nombreux hauts fonctionnaires de sa génération, le chef de l'État a une calculette dans la tête, obsédé qu'il est par l'équilibre des finances publiques.

À l'égard de la bourgeoisie, Karl Marx a ces mots terribles dans le *Manifeste du Parti communiste* : « Partout où elle a conquis le pouvoir, elle a foulé aux pieds les relations féodales, patriarcales et idylliques. Tous les liens complexes et variés qui unissent l'homme féodal à ses "supérieurs naturels", elle les a brisés sans pitié pour ne laisser subsister d'autre lien, entre l'homme et l'homme, que le froid intérêt, les dures exigences du "paiement au comptant". Elle a noyé les frissons sacrés de l'extase religieuse, de l'enthousiasme chevaleresque, de la sentimentalité petite-bourgeoise dans les eaux glacées du calcul égoïste. »

Paraphrasant cette formule célèbre, c'est un grief semblable que l'on pourrait formuler aujourd'hui à l'encontre de la haute fonction publique de Bercy et de son mentor : ils noient toutes choses « dans les eaux glacées du calcul égoïste ».

Il y a quelque chose de froid, d'insensible dans ce quinquennat.

L'alerte de Marc Bloch

Emmanuel Macron, à l'instar de ses congénères de la caste, est libéral en économie mais pas en politique, ce qui est peut-être une question d'opportunisme : la haute fonction publique du ministère des Finances, parce qu'elle veut aller vite et mener plusieurs réformes à la fois, s'accommode des institutions présidentialistes de la Ve République pour mettre en pratique sa thérapie de choc.

Historiquement, la haute fonction publique s'est toujours arrangée de ces institutions autoritaires. J'y ai fait une rapide allusion dans les pages qui précèdent, mais étudions le sujet de plus près, car c'est sans doute l'une des clés de l'histoire : la République n'a jamais eu une haute fonction publique qui fasse corps avec elle, qui défende ses principes et ses valeurs. Ou seulement en de brèves périodes. Il suffit de se plonger dans les débats qui ont précédé la création de l'ENA, et ceux qui lui ont succédé, pour en prendre la mesure. Cette école, née sur un projet généreux visant à rendre plus égalitaire la voie d'accès aux fonctions les plus importantes de l'État, a finalement eu un effet opposé : loin de briser les systèmes oligarchiques qui prévalaient, elle les a consolidés ; elle est même devenue la pépinière de l'oligarchie française.

Emmanuel Macron étant à sa manière le produit de cette histoire paradoxale – qui a vu l'école de la haute fonction publique républicaine se transmuter en une école de l'oligarchie –, il est intéressant d'en relever les principales étapes et d'aller sur les traces des nombreuses personnalités qui, depuis plus d'un siècle et demi, ont lancé de salubres mises en garde en défense des valeurs républicaines – mises en garde pas véritablement entendues.

C'est au XIXe siècle qu'il faut remonter pour bien comprendre les enjeux du débat qui prendra progressivement de l'ampleur autour de l'ENA. À cette époque, les administrations et grands corps de l'État se sont dotés des moyens de décider de leurs propres recrutements. Comme l'explique l'historien Alain Garrigou dans son essai fouillé *Les Élites contre la République* : « Les concours administratifs se sont progressivement imposés comme le mode normal de recrutement et de légitimation : la Cour des comptes en 1843 ; l'Inspection des finances en 1847 ; le Conseil d'État en mars 1849 ; les Affaires étrangères en 1877, et à la suite dans les différentes administrations centrales. » Mais l'historien apporte ces précisions : « On demeurait cependant très éloigné d'un recrutement méritocratique. Pendant longtemps, les recommandations comptèrent plus que les compétences. Pour préparer les concours à la haute fonction publique, des projets d'institutions d'enseignement supérieur atteignirent des stades d'avancement divers. » Clientélisme, népotisme, jeux d'influence : le système est tel que la sélection organisée par les concours est faussée et joue en faveur des classes dirigeantes ou de leurs enfants. Par surcroît, il favorise la création de castes, par filières, qui se protègent de l'arrivée de nouveaux entrants. Le système est oligarchique, corporatiste et radicalement inégalitaire.

Dans le courant du XIXe siècle, l'idée chemine donc d'une école unique de l'administration, plus égalitaire, qui ferait des administrations un ensemble cohérent. Et c'est, sans grande surprise, dans les convulsions de la révolution de 1848, sous la IIe République, qu'un premier projet voit le jour à l'initiative du ministre de l'Instruction publique Hippolyte Carnot (1801-1888), un grand républicain, fils de l'une des figures de la Révolution française Lazare Carnot (1753-1823). À peine devenu ministre, le 25 février 1848, Hippolyte Carnot, bercé par les idées saint-simoniennes, adresse une première circulaire aux recteurs pour qu'ils veillent à ce que le recrutement aux grandes écoles se fasse de manière plus démocratique et, dans le cas de Polytechnique, il ajoute : « Il est juste et important que le recrutement de cette école, qui jusqu'à présent ne s'opérait qu'à des conditions inabordables à la majorité des citoyens, s'étende sur tout le peuple. »

Puis, le lendemain, il leur adresse une seconde circulaire : « Monsieur le recteur, il vous a été facile de pressentir que ma lettre d'hier touchant le recrutement de l'École polytechnique n'était qu'un détail d'un vaste ensemble. » Le 8 mars, il signe un décret donnant naissance à une école d'administration chargée de la formation des administrateurs gouvernementaux. Plus tard, en 1878, dans une brochure dont de larges extraits figureront dans une biographie rédigée par Paul Carnot, l'un de ses descendants, il s'expliquera longuement sur ses intentions en créant cette école. « Dans les pays d'aristocratie, la naissance, accompagnée de la fortune, peut donner à l'État de jeunes fonctionnaires. Il faut que les démocraties puissent recruter leur personnel politique d'hommes préparés à leurs devoirs, ayant toute une vie à consacrer au service du pays [...]. L'éducation des serviteurs de l'État est donc un devoir de l'État [...]. Ce devoir, les démocraties peuvent l'accomplir en faisant émerger sans cesse de leur sein les jeunes citoyens les plus dignes de les servir. Dans une démocratie, les choix ne sont pas limités à quelques familles : ils s'étendent à l'universalité des familles. Si nous faisions, partout en France, appel aux vocations, cherchant dans les écoles primaires les sujets d'élite pour leur ouvrir, d'abord, la porte des collèges, et plus tard celle des établissements supérieurs ; si, parmi ces établissements, il existait une école d'administration où les sciences politiques fussent sérieusement enseignées, l'État y trouverait une pépinière précieuse de jeunes fonctionnaires ; et cette parole de nos constitutions "Tout le monde est admissible aux emplois" deviendrait une vérité. »

On voit bien l'ambition démocratique du projet : donner à la jeune République des fonctionnaires qui lui soient dévoués – et non pas des fonctionnaires d'Ancien Régime. Et Hippolyte Carnot de faire une digression qui peut paraître secondaire : « Pour arriver à la formation d'une pareille pépinière, deux systèmes étaient recommandés : la création d'une école spéciale ou celle d'un certain nombre de chaires rattachées aux facultés. J'aurais moi-même incliné de ce côté, ayant fait une grande partie de mes études en Allemagne.

Mais de nouvelles réflexions modifièrent mon opinion. » Le ministre républicain a-t-il raison ? Laissons de côté cette question – mais nous verrons qu'elle est d'une grande importance.

Cette première école voit le jour dans l'ancien collège du Plessis, rue Saint-Jacques, à deux pas du lycée Louis-le-Grand : pas loin de 900 candidats se présentent pour les 150 premières places disponibles. Mais, très vite, l'école est menacée : Hippolyte Carnot rend son portefeuille quelques mois plus tard, le 5 juillet 1848, et le très réactionnaire Alfred de Falloux (1811-1886), devenu ministre de l'Instruction publique, que cette école, construite sur des règles républicaines, insupporte, en décide la suppression par un projet de loi en date du 22 janvier 1849. L'école n'aura pas vécu une année.

Plus de deux décennies plus tard, un autre projet est lancé, privé cette fois. À l'initiative de l'écrivain et politologue Émile Boutmy (1835-1906), et avec des soutiens financiers importants du monde de la banque et de la finance parisiennes, une École libre des sciences politiques est créée au lendemain de l'écrasement de la Commune de Paris. Un projet dont l'esprit est radicalement différent : il ne s'agit pas de mettre en place un cursus égalitaire pour former des cadres au service de la République mais de former les enfants de la haute bourgeoisie. « Boutmy reprenait le vieux programme doctrinaire qui s'était développé sous la monarchie censitaire et qui visait à assurer le pouvoir d'élites que la défaite avait montrées défaillantes, à leur conférer la légitimité du mérite et à contrer la montée des revendications démocratiques », explique Alain Garrigou.

Il y a, dès l'origine de cette École libre, un esprit oligarchique qui en émane. Son présupposé est que le peuple est ignorant et que la société doit veiller à former une élite pour l'encadrer – cette idée, pas franchement progressiste, jouera un rôle majeur lors de la création de l'ENA. Cette école, toute privée qu'elle soit, devient rapidement le passage obligé pour les différents concours de l'administration. Alain Garrigou rappelle ce que disait à son propos Hippolyte Taine (1828-1893) : « La science engendre la prudence et l'étude minutieuse diminue le nombre des révolutionnaires en diminuant le nombre des théoriciens. » L'historien précise aussi qu'Émile Boutmy comptait parmi ses inspirateurs Ernest Renan (1823-1892), lequel, dans un essai, avait longuement défendu une idée voisine : « Former par les universités une tête de société rationaliste, régnant par la science, fière de cette science et peu disposée à laisser périr son privilège au profit d'une foule ignorante. » L'École libre des sciences politiques est donc aux antipodes du projet républicain et égalitaire porté par la IIe République : c'est l'école de formation de la grande bourgeoisie, qui ne veut rien perdre de ses privilèges et qui se défie du peuple.

Il faut attendre plusieurs décennies pour que le projet progressiste d'une nouvelle école d'administration, fonctionnant sur un principe égalitaire, et remplaçant les concours spécifiques des grandes administrations, soit de nouveau discuté. Le 1er août 1936, le ministre radical de l'Éducation, Jean Zay (1904-1944), dépose sur le bureau du Parlement, au nom du président du Conseil Léon Blum (1872-1950), un projet de loi « autorisant la création d'une École nationale de l'administration relevant directement du ministère de l'Éducation nationale ». Mettant en œuvre une promesse consignée dans le programme du Front populaire, Jean Zay reprend le vieux projet démocratique d'Hippolyte Carnot de former des fonctionnaires qui auront à cœur de servir la République et d'assurer l'égalité d'accès aux carrières publiques.

Le Musée de la résistance en ligne, qui honore la mémoire de Jean Zay assassiné par la milice en juin 1944, rappelle en ces termes le contenu du projet de loi : « L'ENA devait comprendre deux sections : l'une normale, destinée au recrutement des emplois de rédacteurs ou assimilés, l'autre dite "section supérieure", ayant pour but la préparation aux postes de la haute administration. L'École des sciences politiques formerait seulement les fonctionnaires du premier degré, sous le contrôle de l'État. En plus de cette École nationale d'administration, Jean Zay envisageait de créer auprès des principales universités de province des instituts de préparation administrative recevant les boursiers. »

Seulement voilà, le projet de loi n'aboutit pas. Approuvé par la Chambre des députés le 27 janvier 1938 par 422 voix contre 137, il ne sera jamais examiné par le Sénat, à cause de la guerre qui éclate.

Progressiste, cette réforme suscite pourtant une controverse, ouverte par Marc Bloch – qui sera lui aussi exécuté par la Gestapo en juin 1944. Dans *L'Étrange Défaite*, écrit juste après la débâcle de juin 1940, l'historien s'applique à décrypter la faillite des élites françaises. Pas seulement les élites militaires, mais aussi les élites publiques, qui en réalité s'étaient déjà rangées du côté des vainqueurs avant même qu'ils n'occupent la France.

Contre la haute fonction publique de l'époque, qui n'a servi la République « qu'à contrecœur », il a des mots très durs. Une sévérité visant la haute fonction publique de la fin des années 1930, mais qui vaut tout autant pour celle d'aujourd'hui.

Marc Bloch s'applique aussi à comprendre les raisons pour lesquelles la France a connu une telle faillite de ces élites : « Asile préféré des fils de notables, l'École des sciences politiques peuplait de ses élèves les ambassades, la Cour des comptes, le Conseil d'État, l'Inspection des finances. L'École polytechnique, dont les bancs voient se nouer, pour la vie, les liens d'une si merveilleuse solidarité, ne fournissait pas seulement les états-majors de l'industrie ; elle ouvrait l'accès de ces carrières d'ingénieurs de l'État, où l'avancement obéit aux lois d'un automatisme quasi mécanique. Les universités, par le moyen de tout un jeu de conseils et de comités, se cooptaient à peu près complètement elles-mêmes, non sans quelques dangers pour le renouvellement de la pensée, et offraient à leurs maîtres des garanties de permanence, que le système présent a, provisoirement, dit-il, abolies. » Il ajoute : « Le régime eut-il tort ou raison de respecter ces antiques corporations ? On peut en disserter à perte de vue. Les uns diront : stabilité, tradition d'honneur. Les autres, vers lesquels j'avoue incliner, répliqueront : routine, bureaucratie, morgue collective. Une chose, en tout cas, est certaine : sur deux points, la faute fut lourde. »

C'est là qu'il en vient à formuler sa critique à l'encontre du projet de Jean Zay : « Quel tollé quand, par l'établissement d'une École d'administration, un ministère de Front populaire prétendit battre en brèche le monopole des “Sciences Po” ! »

Dans un autre texte, intitulé *Sur la réforme de l'enseignement*, rassemblé en annexe d'une réédition de son célèbre essai, Marc Bloch critique vivement toute forme d'enseignement spécialisé qui pourrait conduire à un esprit de corps : « À nos groupes dirigeants, trop tôt spécialisés, nous ne donnons pas la culture générale élevée, faute de laquelle tout homme d'action ne sera jamais qu'un contremaître. Nous formons des chefs d'entreprise qui, bons techniciens, je veux le croire, sont sans connaissance réelle des problèmes humains ; des politiques qui ignorent le monde ; des administrateurs qui ont l'horreur du neuf. À aucun nous n'apprenons le sens critique, auquel seuls [...] le spectacle et l'usage de la libre recherche pourraient dresser les cerveaux. Enfin, nous créons, volontairement, de petites sociétés fermées où se développe l'esprit de corps, qui ne favorise ni la largeur d'esprit ni l'esprit du citoyen. »

Et il en profite pour pointer le projet de Jean Zay : « Nous avons vu naguère le Front populaire se proposer de briser le quasi-monopole des sciences politiques, comme pépinière de notre haute administration. Politiquement, l'idée était saine. Un régime a toujours le droit de ne pas recruter ses serviteurs dans un milieu, dont les traditions lui sont presque unanimement hostiles. Mais qu'imaginèrent alors les hommes au gouvernement ? Ils auraient pu songer à instituer un grand concours d'administration civile, analogue à l'admirable concours du Civil Service britannique : comme lui, commun à toutes les branches de l'administration ; comme lui, fondé avant tout sur des épreuves de culture générale et laissant, grâce à un libre jeu d'options, une grande part aux curiosités individuelles ; comme lui, enfin, préparé dans des universités d'esprit élargi. Ils préférèrent tracer le plan d'une nouvelle école spéciale : une autre École des sciences politiques, encore un peu mieux close que sa rivale... »

Cette mise en garde devrait faire réfléchir ceux que la puissance de l'oligarchie française inquiète. Marc Bloch partage les convictions défendues par Hippolyte Carnot ou par Jean Zay, selon lesquelles il faut briser les comportements corporatistes des grands corps de l'État et garantir l'égalité d'accès aux carrières publiques. Mais il lance cette alerte, que personne à l'époque, ni à la Libération, n'a voulu entendre : la formation d'une élite de la haute fonction publique, est-ce à une école dédiée qu'il faut la confier, ou à l'université, dont l'une des richesses est le pluralisme de ses approches ? En clair, Marc Bloch reprend ce qui était l'intuition première d'Hippolyte Carnot mais que ce dernier n'avait finalement pas suivie.

Las, à la Libération, le gouvernement provisoire reprend à son compte les projets anciens de Carnot et de Zay. Par une ordonnance du 9 octobre 1945, à l'article 5, est créée « une École nationale d'administration chargée de la formation des fonctionnaires qui se destinent au Conseil d'État, à la Cour des comptes, aux carrières diplomatiques ou préfectorales, à l'Inspection générale des finances, au corps des administrateurs civils ainsi qu'à certains autres corps ou services déterminés par décret pris après avis du Conseil d'État et contresigné du ministre intéressé et du ministre de l'Économie et des Finances ».

La même ordonnance prévoit une nationalisation de l'École libre des sciences politiques – une vraie-fausse nationalisation sur laquelle nous reviendrons.

Simplement, cette ENA a d'emblée de quoi inquiéter : si elle trouve son origine dans le combat de plusieurs générations de républicains pour assurer l'égalité d'accès aux carrières publiques et casser les systèmes de caste ou d'oligarchie, l'école tourne cependant le dos à la recommandation de Marc Bloch. Et il y a plus grave.

À l'initiative du général de Gaulle, chef du gouvernement, et de Maurice Thorez, secrétaire général du PCF et ministre de la Fonction publique, la création de l'école est préparée dès avril 1945 par une « mission provisoire de la réforme de la fonction publique », présidée par Michel Debré en sa qualité de commissaire de la République. Or le compagnon de route du général de Gaulle, qui en 1958 dirigera le groupe de travail chargé de la rédaction de la Constitution de la Ve République, a des idées arrêtées sur l'ENA. Partisan d'une Constitution autoritaire, Michel Debré a déjà envisagé un lieu de formation pour la haute fonction publique qui corresponde à sa vision d'une démocratie pour le moins encadrée.

Les opinions tranchées du principal concepteur de l'ENA remontent au début des années 1920, quand il est étudiant. Diplômé de l'École libre des sciences politiques, il mène aussi de longues études en droit et obtient un doctorat dans cette discipline. Or, à l'époque, le professeur Joseph Barthélemy (1874-1945) fait autorité à la faculté de droit de Paris ; il enseigne aussi à l'École libre des sciences politiques. Des années plus tard, il jouira d'une détestable notoriété, puisqu'il finira garde des Sceaux du régime de Vichy. Mais, avant la Première Guerre mondiale, et juste après, il est connu pour être un fervent défenseur de la démocratie libérale. Michel Debré, un temps son étudiant, l'écoute avec beaucoup d'intérêt.

En 1918, Joseph Barthélemy publie *Le Problème de la compétence dans la démocratie*, qui est la retranscription d'un cours donné pendant la guerre et qui reprend des thématiques déjà entendues sous la plume d'Hippolyte Taine ou d'Ernest Renan, pour justifier l'élitisme de l'École libre des sciences politiques. Brutalement dit, le peuple ne sait pas ce qui est bon pour lui. « Un examen rapide de l'histoire des peuples montrerait à l'évidence que les monarchies mettent au service de l'État des fonctionnaires spécialistes et, avec la restriction de la défaveur du prince, permanents. Au contraire, les démocraties font aux amateurs, non spécialisés, un appel infiniment plus large », déplore par exemple Joseph Barthélemy. « L'amateurisme est dans l'essence même de la démocratie : elle définit le gouvernement par les gouvernés eux-mêmes, c'est-à-dire par des incompétents. La démocratie est hostile à la permanence dans les fonctions qui supposent à un certain degré la participation à l'exercice de la puissance publique. Elle choisit pour les fonctions publiques des hommes qui y sont peu ou point préparés et, quand ils commencent d'être au courant, elle les renvoie. Mais le plus grand ennemi de la technicité, c'est l'esprit d'égalité. Le premier souci d'un peuple démocratique n'est pas nécessairement d'être bien gouverné, mais de ne pas reconnaître de supérieur, d'avoir le sentiment qu'il se gouverne lui-même. Les fonctions publiques doivent donc rester ouvertes à tous. »

Son jugement désabusé ne le conduit pas encore à une détestation de la démocratie, mais à une justification des systèmes oligarchiques : il faut à tout le moins brider les démocraties pour que les experts soient entendus. De ces lignes transparaît la défense d'une démocratie autoritaire ou technocratique : « Le premier devoir de la démocratie est de comprendre qu'elle doit se soumettre à la direction des plus capables », dit encore le professeur de droit, dans une formule que ne contrediraient pas aujourd'hui nombre de hauts fonctionnaires de Bercy.

À l'époque, Joseph Barthélemy n'est pas le seul à professer ce genre d'idées. Au même moment, lors de son discours de réception à l'Académie française, le 24 janvier 1918, le philosophe Henri Bergson (1859-1941) enfonce le clou : « Comment se recruterait, comment se constituerait en classe dirigeante et en conseil de gouvernement cette aristocratie nouvelle, toujours à renouveler, du talent, de la compétence, et surtout du caractère ? Tout le problème de l'organisation de la démocratie est là ; nous ne l'avons pas résolu. » Puis, rendant hommage à celui dont il va occuper le fauteuil, Émile Ollivier (1825-1913), qui dirigea l'un des derniers gouvernements du Second Empire, il a cette formule révélatrice : « Si ç'avait été la République, il l'aurait voulue autoritaire. Puisque c'était l'Empire, il le voulait libéral. »

Dans un livre collectif intitulé *Serviteurs de l'État,* les universitaires Marc Olivier Baruch et Vincent Duclert montrent à quel point cette conception élitiste est partagée par nombre d'intellectuels, et peu combattue. Tout juste mentionnent-ils la réplique du philosophe Jean Lacroix (1900-1986) dans la revue

Esprit : « La démocratie est la lutte contre toute élite qui voudrait s'attribuer l'autorité sur autrui en vertu de sa puissance propre, que ce soit l'élite de la naissance, de l'argent ou même de l'intelligence. »

Ces plaidoyers pour un pouvoir technocratique prennent une telle ampleur à la fin de la Première Guerre mondiale qu'ils vont déboucher sur plusieurs regroupements. Un industriel français, Ernest Mercier (1878-1955), fondateur de la Compagnie française de pétrole (l'ancêtre du groupe Total), lance ainsi en 1925 un mouvement qu'il baptise le Redressement français. Selon lui, son organisation est apolitique et a pour ambition de proposer des réformes pragmatiques pour le pays. Mais derrière cette posture se cache un courant profondément anticommuniste et élitiste. Dans le livre collectif évoqué, l'historien Olivier Dard rappelle aussi cette sortie d'Ernest Mercier dans *La Revue des deux mondes* : « Il n'est pas de pays au monde où les hommes d'élite soient aussi démunis d'influence que chez nous. »

Fondé quelques années plus tard par des polytechniciens dans le prolongement de la crise de 1929, une autre association, baptisée X-Crise, va elle aussi flirter avec des conceptions voisines, mais sans les accents les plus populistes ou antiparlementaires du Redressement français.

Les idées de Joseph Barthélemy sont populaires dans certains cercles : parmi ceux qui ont été ses étudiants, comme Michel Debré, mais aussi dans l'industrie et la finance. Le plus étonnant, c'est que son influence se prolonge à la Libération. Fréderic Saulnier, un universitaire qui a consacré une étude au professeur de droit, démontre que des courants politiques ultérieurs, dont le RPF du général de Gaulle, se sont imprégnés des idées du professeur Barthélemy. La Fondation Charles-de-Gaulle, qui veille à la mémoire du général, s'attarde elle-même longuement sur son site Internet sur cette filiation, au demeurant logique, entre la doctrine élitiste du professeur de droit et la doctrine gaulliste. Évoquant la création de l'ENA supervisée par Michel Debré, elle note d'abord qu'à la Libération ses idées prennent en compte « toute une tradition intellectuelle et juridique » bien antérieure. Parmi ceux qui ont installé cette tradition, elle mentionne Henri Chardon (1861-1939), un conseiller d'État qui, dans l'entre-deux-guerres, professe des idées proches de celles de Joseph Barthélemy. Dans un livre, dont le titre à lui seul établit le cousinage, *L'Organisation d'une démocratie : les deux forces, le nombre, l'élite*, publié en 1921, il écrit que la France doit désormais, sous peine de périr, « organiser l'action », c'est-à-dire : « organiser rationnellement et démocratiquement la force administrative, la force de l'élite appelée, sous le contrôle du nombre, à conduire les hommes vers leurs destinées ». La Fondation Charles-de-Gaulle cite encore Barthélemy, qui possédait, dit-elle, « une grande influence sur ses élèves et notamment sur Michel Debré ». Elle en conclut que l'ENA, telle que la crée Michel Debré, est « une institution conforme au tempérament de Charles de Gaulle [...]. L'École nationale d'administration a été, dès l'origine, une institution gaullienne ». Avant d'ajouter : « De Gaulle croyait aux élites. Et à la sélection la plus sévère. »

Voilà le principal paradoxe de la création de l'ENA à la Libération – ou le quiproquo auquel elle donne lieu. Beaucoup y voient l'aboutissement d'un combat mené en vain depuis près d'un siècle par de grands républicains. Mais, pour de Gaulle, l'école sera la cheville ouvrière de l'État, tel qu'il le conçoit, et qui prendra véritablement forme après son accession au pouvoir en 1958. Dès le 16 juin 1946, lors de son célèbre discours de Bayeux, de Gaulle annonce que ce dont il rêve pour la France, c'est d'un État fort – on y devine par avance les contours de la Constitution autoritaire de la Ve République, façonnée par Michel Debré. Et le général dira plus tard aux étudiants de l'ENA, lors d'un discours du 17 novembre 1959, que leur école avait été précisément façonnée dès la Libération, de telle sorte qu'elle corresponde au projet constitutionnel dont il était porteur. « Rien n'est possible si les pouvoirs n'ont pas à leur disposition une administration qui soit adéquate à ces pouvoirs mêmes ; et c'est là que s'est posée, dès 1945 et en prévision de ce qu'un jour nécessairement les pouvoirs devraient être, la question de l'École nationale d'administration. »

En somme, à l'État autoritaire devra correspondre une École nationale d'administration s'inspirant de la même philosophie, ayant pour vocation de former les élites d'une démocratie non pas tempérée mais encadrée. Le détournement du projet républicain est d'autant plus spectaculaire que la nationalisation de l'École libre des sciences politiques est de pure forme : l'enseignement n'est quasiment pas modifié et Sciences Po continue d'être le lieu de formation des enfants de la grande bourgeoisie. Le projet visant à supprimer l'Inspection des finances tourne court sous la pression de multiples lobbies, dont l'Inspection, mais aussi sous celle de Maurice Thorez.

En somme, la création de l'ENA se déroule dans les plus mauvaises conditions. C'est une machine à produire une oligarchie triomphante et, plus de soixante-dix ans plus tard, la France en paye le prix fort, puisque cette oligarchie détient tous les leviers des pouvoirs, politiques et économiques.

Certes, il y a la charge de Pierre Bourdieu, qui dans plusieurs essais, notamment *La Noblesse d'État*, paru en 1989, s'attache à décrire le lieu de reproduction sociale que constitue l'ENA, école créée par la haute bourgeoisie conservatrice pour accueillir ses propres enfants. Mais il n'y a guère d'études qui établissent précisément cette filiation autoritaire dans laquelle l'ENA s'inscrit. Dans son essai, Pierre Bourdieu y fait une allusion rapide : « Sans doute n'est-il pas possible d'analyser en détail la curieuse dérive d'une institution qui, née d'une intention déclarée, et sans nul doute sincère, de rationaliser et de démocratiser le recrutement de la haute fonction publique en abolissant les dynasties fondées sur le népotisme et l'hérédité larvée des charges, en est venue à remplir une fonction tout à fait semblable à celle qui incombait à HEC ou à Centrale à la fin du XIXe siècle, à savoir de fournir aux enfants de la bourgeoisie socialement destinés aux positions dominantes la caution scolaire que les institutions les plus légitimes scolairement leur refusaient de plus en plus souvent en cette période de concurrence scolaire intensifiée. »

On peut dire les choses de façon plus abrupte : dans *Les Sommets de l'État*, déjà cité, Pierre Birnbaum reprend un extrait d'un discours de Léon Gambetta (1838-1882), en date du 18 septembre 1878 : « L'administration devra être complètement républicaine, et elle le sera, parce que je ne pense pas que l'on soit d'humeur à tolérer bien longtemps en France ce spectacle d'un gouvernement voulu et acclamé par tout le pays et qui n'est contrarié que par ses fonctionnaires. » Et, plus loin, l'universitaire évoque le sociologue André Siegfried (1875-1959) qui à la question « Qui gouverne la France ? » répondait dans son ouvrage *De la IVe à la Ve* : « Une aristocratie de la compétence technique », autrement dit la haute fonction publique. Pierre Birnbaum traduit ainsi ce qu'André Siegfried veut dire : « Pour lui, le personnel politique n'a pas gagné le combat que Gambetta entendait déjà mener, on s'en souvient, contre la haute administration. » Autrement dit, avec l'ENA, la République n'a toujours pas la haute fonction publique qui corresponde à ses valeurs. Bien au contraire.

Et le plus étonnant, c'est que cette « dérive » pointée par Pierre Bourdieu, est restée un angle mort du débat public. Excepté quelques universitaires, qui cherche à comprendre les conséquences, sur la haute fonction publique et sur nombre de dirigeants politiques, d'un cursus dont la fonction est d'assurer le contrôle des classes dominantes sur le pays ? Qui tente de mesurer les effets sur les politiques publiques d'une formation tout entière construite sur le conformisme et la détestation des idées alternatives ou des pensées complexes ? Puisqu'une bonne partie des dirigeants politiques, socialistes ou Les Républicains, sont eux-mêmes passés par ces écoles de formation, la caste a compris qu'elle n'avait pas grand-chose à craindre.

De fait, hormis les études de Pierre Bourdieu, on ne compte guère qu'une critique contre cette école de l'oligarchie à travers l'essai *L'Énarchie ou les mandarins de la société bourgeoise*, publiée en 1967 et rédigé par Jean-Pierre Chevènement et deux de ses proches, Dominique Motchane (1931-2017) et Alain Gomez. Ces auteurs, conscients que, sous la Ve République, il est très audacieux de brocarder une semblable institution, signent leur pamphlet sous le pseudonyme de Jacques Mandrin. Mais quel pamphlet ! Si, depuis, le chevènementisme a sombré corps et âme, au moins reste-t-il cet ouvrage remarquable. Pas une ligne n'est à retrancher : à chaque page, on observe que la catastrophe démocratique d'aujourd'hui et la victoire de l'oligarchie étaient de longue date annoncées : « Malgré leur devise, les républiques bourgeoises ne peuvent pas grand-chose pour l'égalité. Du moins s'attachent-elles à trier parmi les pauvres ceux dont l'œil brille un peu trop, à écrémer les classes dangereuses des éléments les plus dangereux. On ne les envoie pas au bagne. Bien pis, on en fait des bourgeois [...]. Une foule de moyens et petits bourgeois ainsi qu'une poignée de fils du peuple sont invités à s'engager, encore imberbes, dans une gigantesque course à handicap. Les vainqueurs seront "promus", c'est-à-dire qu'ils auront le droit de revêtir la livrée de l'oligarchie. »

Surtout, l'essai pose un diagnostic sur ce qu'était l'ambition des fondateurs de l'ENA : « Conquête de la Résistance, l'École portait sans doute dès l'origine la marque d'une inspiration plus proche du despotisme éclairé que du socialisme. En tout cas, l'ordonnance du 10 octobre 1945 était faite pour révolutionner le vieux système des castes et des grands corps : nationalisant l'École libre des sciences politiques et fondant en province des instituts concurrents, regroupant tous les anciens concours en un seul, ouvrant l'accès de la nouvelle école aux combattants et aux boursiers dits de “service public”, ce texte était une menace directe contre les anciens privilèges de recrutement. Il aurait pu donner à un État démocratique et populaire une phalange d'administrateurs à la fois compétents et dévoués. Mais une réforme qui n'est soutenue par aucune volonté de contestation et par aucun messianisme social ne vaut pas mieux que la société où elle est faite. L'ambiguïté de l'École était celle de la Résistance qui voulait restaurer plutôt que refaire la France. La Résistance en est morte et l'ENA s'en est trouvée pervertie. En effet, elle apparaît aujourd'hui comme une institution dévoyée, où le conformisme et les appétits de carrière apprennent à rimer, qui prépare d'excellents fonctionnaires, c'est-à-dire de fidèles intendants du néocapitalisme. »

Et les auteurs concluent : « La fondation de l'ENA a été la première tentative sérieuse que la France ait faite pour produire fonctionnellement des fonctionnaires. La formule était bonne mais elle n'était qu'une formule ; on sait pourquoi elle ne pouvait réussir. En abolissant les concours spécialisés sans abolir les grands corps et en se constituant, dans le prolongement de Sciences Po, comme une sorte d'agrégation du conformisme, l'École était condamnée à trahir l'inspiration qui la justifiait. »

De ces constats, on pourrait sourire, parce que chaque année, dans son rapport, le jury du concours d'entrée à l'ENA donne raison au pamphlet, allant jusqu'à le paraphraser – peut-être à son insu. Témoin le rapport de 2016, qui s'inquiète de l'« absence de sens critique » des candidats, de leur « incapacité à prendre de la hauteur », de leur « conformisme » ; témoin celui de 2017, qui s'affole d'« une certaine unicité de vues entre les candidats », de la « frilosité » qui empêcherait les aspirants énarques de « proposer une réflexion, une vision personnelle du sujet », des « raisonnements formatés »… L'ENA, c'est « l'agrégation du conformisme » et de la pensée unique.

Plus grave : en enlevant à l'université, dans le pluralisme de ses approches, le soin de former les élites et en lui préférant une école spécialisée, la France a vu les élites dont rêvait la République faire sécession. Dans son journal formidablement émouvant, *Souvenirs et solitude*, écrit de la prison de Riom où il a été emprisonné par le régime de Vichy, c'est ce danger que pointe Jean Zay, le 6 octobre 1942 : « Le manque de caractère dont ont fait preuve tant de hauts fonctionnaires républicains depuis juin 1940, la facilité avec laquelle ils ont subi les nouveaux maîtres, assumé sans révolte de conscience toutes les besognes qu'on leur imposait ont illustré tristement l'insuffisance de leur formation civique et professionnelle. La République a payé de leur reniement l'une de ses plus fâcheuses défaillances. Elle avait négligé de surveiller leur recrutement, d'assurer elle-même leur formation : ils ne l'ont pas défendue. »

Ces lignes sont bien sûr rédigées dans les circonstances dramatiques de l'Occupation. Mais comment ne pas comprendre que sa mise en garde a une portée plus générale ? « La République a payé de leur reniement l'une de ses plus fâcheuses défaillances » : c'est malheureusement toujours d'actualité.

Dérives européennes

La sécession de la haute fonction publique est l'ultime rebondissement d'une histoire longue, celle d'une crise démocratique française qui n'a cessé de se creuser. Elle a aussi d'autres causes, particulièrement européennes. Au cours des dernières années, il y a eu entre la France et l'Europe comme un jeu d'interactions multiples : la montée en puissance d'un pouvoir technocratique ; une tendance qui s'est propagée dans de nombreux pays européens et qui a pris une ampleur au sein même de la Commission européenne. Les dérives française et européenne se sont nourries l'une l'autre.

D'abord, un signe ne trompe pas : un peu partout en Europe, les frontières entre public et privé s'estompent, tandis que les pantouflages prospèrent et que le monde de la finance s'impose comme le grand gagnant de cette dilution progressive de l'intérêt général. L'exemple le plus emblématique et le plus scandaleux est celui du Portugais José Manuel Barroso qui, après avoir présidé la Commission européenne de 2004 à 2014, annonce au creux de l'été 2016 qu'il devient conseiller de la banque d'affaires américaine la plus influente au monde, Goldman Sachs, et qu'il prend la présidence non exécutive de son conseil d'administration. Rien d'illégal : alors qu'en France le code pénal interdit à toute personne ayant exercé l'autorité publique sur une entreprise privée de s'y faire embaucher dans les trois années qui suivent, les institutions européennes n'imposent aucune règle au-delà de dix-huit mois pour les anciens commissaires.

Président de la commission de Bruxelles, José Manuel Barroso s'est en outre distingué, tout au long de la crise financière historique qui secoue la planète entière à partir de 2007, en défendant une politique accommodante vis-à-vis de la finance et en écartant des mesures énergiques pour engager la « re-régulation » ; aussitôt après, il est recruté par l'un des acteurs de la finance les plus controversés, mis en cause lors de la crise, notamment pour sa haute responsabilité dans la tourmente des *subprimes*.

Dans le monde entier, ce pantouflage, marqué par un gravissime conflit d'intérêts, suscite l'indignation : « Cette nomination montre que l'élite européenne dont fait partie Barroso n'a aucune honte », s'insurge Pedro Filipe Soares, le chef de file parlementaire du Bloc de gauche au Portugal. Les socialistes français, alors au pouvoir, font mine aussi de protester.

Le scandale ne s'arrête pas là : pour sa défense, l'ancien patron de l'exécutif européen fait valoir que, s'il passe chez Goldman Sachs, ce n'est pas pour mener des actions de lobbying en Europe en faveur de la banque d'affaires américaine. L'ex-président de la Commission européenne consigne même cet engagement par écrit : « Je n'ai pas été engagé pour faire du lobbying pour le compte de Goldman Sachs et je n'en ai pas l'intention. » Or il ne se passe guère de temps avant que l'on découvre que l'engagement solennel n'est pas tenu. En février 2018, on apprend que, quelques mois plus tôt, le 25 octobre 2017, José Manuel Barroso demande à rencontrer discrètement un commissaire européen dans un hôtel bruxellois.

L'affaire reste sans suite. Pas de « sanctions exemplaires », comme l'avaient réclamé des fonctionnaires européens dans une pétition. Pas de remise en cause de sa retraite versée par la Commission. Barroso continue de couler des jours heureux dans l'un des temples de la finance mondiale. Et comment protester – et imposer de nouvelles règles protégeant les intérêts publics des appétits de la finance – quand, au même moment, en France, le directeur du Trésor s'apprête à abandonner ses fonctions pour rejoindre un fonds d'investissement chinois ? Au bal des hypocrites, il faut se défier des indignations de circonstance.

Le cas Barroso est loin d'être isolé. Dans une enquête documentée, mise en ligne sur Mediapart, le 30 octobre 2015, Ludovic Lamant égrène la longue liste des responsables de la Commission européenne qui ont rejoint le privé, dans des modalités pour le moins discutables. On découvre ainsi le cas de Sharon Bowles, l'ex-députée européenne en charge, pendant les années de crise financière, de la commission parlementaire des affaires économiques et monétaires, qui accepte à l'été 2014 un poste à la Bourse de Londres. « Cette ancienne élue libérale a pu mettre à disposition de la City, sans aucune période de transition, le précieux carnet d'adresses qu'elle s'était constitué au fil des années grâce au parlement de Strasbourg », commente mon confrère. Dans le même article, ce dernier détaille une étude, publiée à la même époque par l'ONG bruxelloise Corporate Europe Observatory (CEO), sur les reconversions des commissaires européens sous le deuxième mandat du Portugais José Manuel Barroso, jusqu'à l'été 2014. « La conclusion n'est pas réjouissante : malgré les promesses formulées par Barroso lui-même durant son second mandat, la pratique des *revolving doors* – ces portes tournantes entre le public et le privé – reste massive. Quant au comité d'éthique chargé par l'exécutif bruxellois de veiller aux conflits d'intérêts, son rôle semble proche du néant. Parmi les 26 commissaires sur le départ en 2014 (les deux autres ont rempilé sous Jean-Claude Juncker), 9 ont déjà fait jouer les portes tournantes, et rejoint des postes de premier plan dans le secteur privé. Cette statistique relance les vieilles inquiétudes sur la proximité de la Commission européenne avec de grandes firmes européennes, qui "achètent" leurs entrées dans l'exécutif. D'après le décompte de l'ONG, sur les 117 postes et fonctions occupés par les 26 ex-commissaires, 8 sont problématiques et n'auraient pas été validés par la Commission si celle-ci avait respecté les textes d'éthique en vigueur. »

Comment la France peut-elle tempêter contre ces pratiques choquantes, elle qui laisse libre cours à ces pantouflages tout aussi discutables ? On remarque que le code pénal sanctionne (est supposé sanctionner) les hauts fonctionnaires qui rejoignent trop vite les entreprises privées auparavant sous leur contrôle, alors que les responsables politiques, qui prétendaient défendre l'intérêt général, sont eux-mêmes partis toute honte bue faire fortune dans la finance, n'étant soumis à aucune règle ni interdiction.

Où François Fillon se reconvertit-il après son naufrage lors de la présidentielle ? Dans la finance : il devient associé de la société de gestion et d'investissement Tikehau Capital. Où François Baroin prend-il racine, après avoir été à son tour englouti par la crise du parti Les Républicains ? Dans la finance : il peut mettre à son profit le formidable carnet d'adresses qu'il a constitué en qualité de président de l'Association des maires de France, en intégrant la banque britannique Barclays comme conseiller pour son développement en France, en Belgique et au Luxembourg. Où Jean-Marie Le Guen, spécialiste de santé publique au Parti socialiste, se réfugie-t-il quand son parti implose au même moment ? Dans la finance : il rejoint la société de courtage et de conseil en assurances Siaci Saint-Honoré, en tant que conseiller du président du directoire, laquelle société constitue le pôle santé de la Compagnie financière Edmond de Rothschild.

Si l'Europe, à l'instar de la France, tolère des pantouflages problématiques, elle connaît aussi l'intrusion, jusque dans les sommets de certains États, de figures de la finance. Ainsi Jörg Kukies, coprésident de la banque Goldman Sachs pour l'Allemagne, est-il nommé en mars 2018 secrétaire d'État du très influent ministère allemand des Finances : responsable du département des marchés et instruments financiers au sein de la banque, il devient au sein du ministère responsable des questions qui ont trait à l'Europe et… aux marchés financiers. Preuve décidément que l'effondrement de l'ancienne muraille de Chine entre le public et le privé n'a pas que la France pour théâtre. Un peu partout, la finance est à l'offensive et gagne des victoires considérables… Cette première similitude entre les évolutions à l'œuvre en France et en Europe est loin d'être la seule : il y a encore, dans plusieurs pays, une dérive technocratique, qui en certains points ressemble à la prise du pouvoir de la haute fonction publique française à laquelle nous venons d'assister, ou dont les ressorts sont voisins.

1983 et 2011 sont deux années charnières qui permettent de comprendre comment, en renonçant progressivement, presque insensiblement, aux valeurs démocratiques dont elle a longtemps été porteuse, l'Europe a imposé un pouvoir technocratique de plus en plus envahissant et dangereux.

En 1983, le pouvoir socialiste achève le virage dit de la « rigueur » – en réalité, de l'austérité sans fin – et fait le choix de la construction européenne. C'est à partir de là que la haute fonction publique de Bercy bascule dans la pensée néolibérale. C'est là aussi que la construction européenne prend une tournure plus étonnante : au lieu de privilégier des stratégies coopératives entre les pays, la France va lourdement peser – Bercy au premier chef – pour que les grands leviers de la politique économique passent sous pilotage automatique. En clair, pour que les politiques aient de moins en moins de pouvoir au profit de l'administration de la Commission.

L'un des exemples les plus frappants du passage au pilotage automatique est la politique budgétaire. Pendant des lustres, l'acte majeur du Parlement était le vote de la loi de finances, où se décident à la fois les dépenses publiques à engager et les impôts à lever pour les financer. Avec le traité de Maastricht, ratifié en 1992, qui fixe pour les déficits publics un plafond de 3 % de la richesse nationale et de 60 % pour la dette publique, la politique budgétaire est encadrée mais les politiques ont encore leur mot à dire puisque les efforts des pays doivent s'apprécier « en tendance » ; des « circonstances exceptionnelles » peuvent même autoriser des entorses à ces règles. Ce qui veut dire que, en cas de récession, un pays n'est pas dans l'obligation de conduire une politique restrictive qui étoufferait encore davantage l'économie.

Progressivement, ce pouvoir concédé aux politiques, pourtant très restreint, va s'amenuiser. En 1997, le traité d'Amsterdam impose aux pays d'avoir des finances publiques proches de l'équilibre : on se souvient qu'à l'époque Lionel Jospin annonce, au cours de la campagne des législatives, qu'il ne ratifiera pas ce traité en lequel il voit du « super-Maastricht », avant de renier son engagement dès son accession à Matignon. En 2005, puis de nouveau en 2011, les disciplines budgétaires sont encore durcies, en même temps que les sanctions qui les garantissent. La politique budgétaire est toujours censée rester de la compétence de chaque pays, mais ce n'est plus qu'une fiction. Pour tous, l'austérité est la règle, que la conjoncture soit bonne ou mauvaise. C'est la victoire totale des partisans de Hayek et Friedman : Keynes est devenu inconstitutionnel.

Avec la politique monétaire, il en va de même : après l'indépendance de la Banque de France, puis celle de la Banque centrale européenne (BCE), elle aussi passe en pilotage automatique. Les traités européens prévoient explicitement que la compétence de la Banque centrale porte sur la valeur interne de la monnaie unique – c'est-à-dire sur la lutte contre l'inflation – et non pas sur la valeur externe, c'est-à-dire sur la politique de change. Mais, à peine installée, la BCE instaure une jurisprudence, s'arrogeant ce double pouvoir sur les valeurs interne et externe de la monnaie. Pétrifiés, les politiques, de gauche comme de droite, laissent faire. Tant et si bien que le débat monétaire est devenu le monopole de l'extrême droite, dont certains courants revendiquent le retour au franc. L'euro est-il ou non surévalué ? Au fil des ans, le débat monétaire devient tabou.

De fil en aiguille, la plupart des politiques publiques sont ainsi encadrées, passant à leur tour en pilotage automatique. Mesure-t-on par exemple les conséquences du principe de « concurrence saine et non faussée » sur laquelle l'Europe se construit au long de ces années ? Apprécie-t-on la bombe à retardement que constitue le projet d'ouverture à la concurrence de tous les grands services publics ? En France, où les services publics ont historiquement joué un rôle majeur, offrant à l'État un rôle dans l'économie sans équivalent et aux citoyens des services échappant aux logiques marchandes, c'est tout le modèle social qui s'en trouve ébranlé. Car les services publics sont affaiblis les uns après les autres par les avancées du marché. Hier, France Télécom ; aujourd'hui, la SNCF. Emmanuel Macron a beau assurer que la réforme voulue par lui ne conduira pas à la privatisation, la duperie coule de source. Car l'ouverture à la concurrence signe l'arrêt du service public ferroviaire, qui repose sur une égalité d'accès des citoyens et une péréquation des tarifs, les lignes rentables contribuant au financement de celles qui ne le sont pas. Dès lors que les lignes rentables sont offertes à des groupes privés, qui par ailleurs ne sont pas astreints au moindre service, c'est la mort du service public. C'est une privatisation qui ne dit pas son nom…

Au travers de ces séismes innombrables, un mouvement de bascule est enclenché : en de nombreux pays, la crise démocratique se creuse, et la gouvernance publique passe elle aussi en pilotage automatique. Puisque le pouvoir politique est défaillant, le pouvoir technocratique vient s'y substituer en certaines circonstances graves. Comme si la démocratie pouvait être mise entre parenthèses.

C'est précisément ce que révèle 2011, autre année charnière, au cours de laquelle l'Europe organise une sorte de coup d'État en Grèce et en Italie. À l'époque, la crise de la zone euro est dans sa phase la plus aiguë et ces deux pays en sont gravement ébranlés. Le Premier ministre populiste Silvio Berlusconi hésite à imposer un nouveau plan d'austérité à son pays, qui en a connu déjà une cascade. De son côté, Giórgos Papandréou refuse de mettre en œuvre le violent plan de sauvetage concocté par Bruxelles, sans qu'il soit ratifié par un vote de ses concitoyens. Aussi annonce-t-il le 31 octobre un référendum en Grèce.

On sait ce qu'il en advient : le sommet du G20 qui se tient les 3 et 4 novembre à Cannes donne lieu à un coup de force sinon même un coup d'État : à l'instigation de Nicolas Sarkozy et d'Angela Merkel, les deux chefs de gouvernement italien et grec sont sommés de se soumettre aux diktats des autorités bruxelloises, et d'accepter sans condition les plans d'austérité. Giórgos Papandréou renonce au référendum ; Silvio Berlusconi accepte que l'Italie soit placée sous la surveillance du Fonds monétaire international (FMI).

Pis, sous le regard étonné de Barack Obama, le sommet du G20 organise quasiment l'éviction des deux Premiers ministres. Ainsi voit-on, en Italie et en Grèce – c'est l'exemple le plus caricatural de cette actuelle décennie – le jeu démocratique exploser et céder la place à un mode de gouvernance technocratique, ostensiblement appuyé par Bruxelles.

La 13 novembre 2011, Mario Monti, l'ancien commissaire européen, accède à la présidence du Conseil italien en remplacement de Silvio Berlusconi et forme un gouvernement composé de « techniciens ». Vieille ritournelle, que l'on connaît en France : ni de droite ni de gauche, la nouvelle équipe prétend qu'elle veut conduire une politique pragmatique. Dans ce gouvernement de 17 membres, tous les ministres ou presque ont la même particularité de ne pas venir du monde de la politique. C'est que la posture technicienne est… une imposture ! À l'instar de Mario Monti, ancien consultant pour la banque d'affaires Goldman Sachs (qui s'est décidément infiltrée un peu partout dans les lieux de pouvoir en Europe), d'autres membres du gouvernement arrivent de la finance. C'est le cas notamment du numéro deux, Corrado Passera, directeur général de la deuxième banque italienne, Intesa Sanpaolo, et ancien du gigantesque et très influent cabinet de conseil américain McKinsey.

Alors, que font ces « techniciens » sous le contrôle de « Il Professor » ? Pour pragmatiques qu'ils soient, ils connaissent les recettes du néolibéralisme : ils concoctent un nouveau plan d'austérité de 20 milliards d'euros, en complément des plans d'austérité antérieurs. L'implacable morale de l'histoire, c'est Pervenche Bérès, députée européenne socialiste, qui la tire peu après dans *Le Monde*, le 17 novembre 2011 : « Après avoir accepté une financiarisation excessive de l'économie, nous sommes en train d'aboutir à la financiarisation du politique. » En Grèce, le coup de force va plus vite : ancien vice-président de la Banque centrale européenne, Loukás Papadímos devient Premier ministre dès le 10 novembre 2011. Le technicien de la finance s'attelle aussi à l'élaboration d'un plan d'austérité pour satisfaire les créanciers de la Grèce.

En clair, dans deux grands pays européens, des « techniciens » non élus prennent les commandes du gouvernement pour imposer une politique violente d'austérité. Dans les deux cas, sans que les citoyens concernés aient été d'une façon ou d'une autre consultés.

Il faut se garder de trop filer les comparaisons : l'histoire de la prise de pouvoir de l'oligarchie de Bercy en France n'est pas la même que celle de ces gouvernements technocratiques en Grèce ou en Italie. Pour ces deux derniers pays, qui sont alors totalement déstabilisés par les crises de l'euro et celle des dettes souveraines, les marchés financiers pèsent en effet lourdement pour imposer leurs vues. Redoutant les réactions fantasques et imprévisibles de Silvio Berlusconi et de son gouvernement, ils font tout ce qui est en leur pouvoir pour le remplacer par Mario Monti, issu de leur monde. En Grèce, le scénario est identique : l'arrivée au pouvoir de Loukás Papadímos ne répond qu'à une seule urgence, tenter de rassurer des marchés financiers que la crise de la dette affole et qui le font payer au pays au prix fort.

L'accession au pouvoir d'Emmanuel Macron s'inscrit, elle, dans l'histoire longue de l'interminable crise démocratique française, qui voit les grands partis républicains, de gauche et de droite, s'effondrer au fil des ans, et finalement connaître un naufrage historique en 2017, laissant le champ libre à la haute fonction publique. Contrairement à l'Italie et à la Grèce, pas de coup de force ni de chantage des marchés financiers.

Cependant, ces histoires multiples se rejoignent pour faire de l'Europe un espace où le pouvoir technocratique se renforce au gré des avancées de la crise démocratique. Elles se combinent d'autant plus aisément que la vague néolibérale a tout submergé, les élites de la haute fonction publique française aussi bien que la haute technocratie de l'administration bruxelloise – tout autant que les technocraties qui font tourner la Banque mondiale, le Fonds monétaire international ou l'Organisation mondiale du commerce, organismes qui comprennent des cohortes de hauts fonctionnaires français. De ce point de vue, là aussi, il y a eu le choc de la mondialisation : il n'y a pas de doctrine qui vaille hormis la doctrine néolibérale.

Le renforcement du pouvoir technocratique se fait plus fort à partir du milieu des années 1980, quand Jacques Delors devient président de la Commission européenne. Une partie de la haute fonction publique française découvre que, si les postes de prestige à la tête des entreprises publiques se raréfient, compte tenu des privatisations, de nouveaux plans de carrière deviennent possibles à l'échelon européen. La haute fonction publique française commence alors à irriguer une partie de l'administration bruxelloise.

Comme par effet de capillarité, il se forme aussi un prêt-à-penser de la haute fonction publique européenne. Si les têtes d'œuf de Bercy ne se souviennent plus de leur catéchisme, ils peuvent aller faire des emprunts dans le catéchisme bruxellois : c'est le même ! Ou plutôt, c'est progressivement devenu le même, au fil des ans.

Ma consœur Martine Orange en a apporté une illustration remarquable sur Mediapart le 10 mars 2017. Au plus fort de la campagne présidentielle, elle démontre qu'en de nombreux volets le programme d'Emmanuel Macron n'est qu'un copier-coller des recommandations européennes, en matière de réduction accélérée des déficits publics, de réforme des retraites, de réduction du coût du travail ou de réforme de l'assurance chômage. Preuve qu'entre Bruxelles et Paris il existe une forme d'internationalisme : hauts fonctionnaires de tous les pays, unissez-vous ! Et, d'un pays à l'autre, défendez avec la même vigueur l'urgence de ces réformes dites « structurelles »...

Il se trouve aussi de très nombreux hauts fonctionnaires français, de droite et de gauche, qui, auréolés de leurs fonctions antérieures dans les grandes institutions internationales, plaident, à leur retour en France, pour ces fameuses réformes « structurelles » que le pays tarderait tant à mettre en œuvre. Un exemple, celui de l'ex-socialiste Pascal Lamy, inspecteur des finances, qui, après avoir longtemps présidé aux destinées de l'Organisation mondiale du commerce, fait en retour remarqué en avril 2014 dans le débat public français avec cette ode aux petits boulots payés au lance-pierre : « Je sais que je ne suis pas en harmonie avec une bonne partie de mes camarades socialistes mais je pense qu'il faut, à ce niveau de chômage, aller davantage vers de la flexibilité et vers des boulots qui ne sont pas forcément payés au Smic. »

Somme toute, les dérives européennes rejoignent les dérives françaises, mais sans les égaler. Parce que l'ENA est une spécificité française, qui apporte à la haute fonction publique des traits oligarchiques sans équivalent dans les autres grands pays européens ; parce que le système français de monarchie républicaine donne souvent beaucoup plus de pouvoir et d'influence à un haut fonctionnaire devenu conseiller dans un cabinet ministériel qu'à un élu de la nation – et que ce travers lié au présidentialisme n'a pas d'équivalent non plus dans la plupart des autres grandes démocraties européennes.

C'est dire si, en France, la caste dispose d'un pouvoir tout à fait singulier.

Conclusion

La caste dont nous avons suivi la trace est devenue puissante au point d'avoir colonisé les sommets de l'État. Pourtant, elle bénéficie d'une sorte d'indulgence. Il se trouve même beaucoup de politiques et d'universitaires pour s'offusquer que l'on puisse qualifier la haute fonction publique française de caste, ce qui relèverait du populisme.

Que les politiques, de gauche comme de droite, n'apprécient guère ce débat autour des dérives oligarchiques françaises, ou le disqualifient, n'est guère surprenant, vu qu'un nombre croissant d'entre eux viennent de la haute fonction publique et de l'ENA. Mais que des experts leur emboîtent le pas, voici qui est plus étonnant. C'est par exemple le cas de Pierre Birnbaum, spécialiste des élites publiques, qui a consacré à quarante ans d'intervalle deux livres à ces questions : *Les Sommets de l'État* (1977), et *Où va l'État ?* (2017).

Dans ce dernier essai, l'universitaire s'applique à démontrer que, si le monde a changé au travers de la mondialisation, les élites publiques françaises sont restées peu ou prou les mêmes : des élites, mais pas une caste. « Loin d'être gouvernée par une oligarchie, la société française, fidèle au long terme de son histoire, demeure arc-boutée sur son État [...]. L'essentiel tient encore : l'État persiste à défendre ses frontières [...]. Nulle "noblesse" ne s'est emparée des sommets de l'État auxquels accèdent des citoyens socialisés à ses valeurs. L'État à la française, quels que soient ses transformations et les défis auxquels il se heurte, entre libéralisme économique et montées des allégeances communautaires, reste largement fidèle à sa propre logique historique. La circulation des élites ne constitue toujours pas un espace homogène, nulle classe dirigeante ne pointe à l'horizon », écrit-il. Et d'en tirer la conclusion que quiconque ne partage pas son constat – apaisant sinon anesthésiant – cherche à attiser des peurs imaginaires et peut-être même nauséabondes. Admettant toutefois que la force croissante du marché et la réduction progressive du périmètre de l'État ont pu impacter son fonctionnement, il dresse cet autre constat : « Cette dilution relative de l'État, quoique largement exagérée, se révèle comme un terreau favorable à de nouvelles formes de populisme qui partent en guerre contre une supposée "oligarchie". »

Arrêtons-nous sur ce dernier argument, qui vient polluer un indispensable débat. Assurément, la notion de caste est ambivalente et peut se prêter à des manipulations populistes ou extrémistes. Le peuple contre les élites : ce clivage a fait florès ces dernières années, et beaucoup de charlatans labourent ce sillon avec des arrière-pensées qui constituent autant de dangers pour la démocratie. C'est une réalité en France et dans de nombreuses autres démocraties. Ainsi a-t-on vu Donald

Trump, milliardaire fantasque et inquiétant, soutenu par les milieux ultraconservateurs de son pays, jouer de cette thématique lors de la dernière élection présidentielle américaine, présentant sa rivale Hillary Clinton comme le porte-drapeau des « élites » et la fondée de pouvoir de Wall Street, suggérant par contraste que le multimillionnaire qu'il est était un candidat antisystème. En France aussi, d'autres faussaires sont coutumiers de ces tours de passe-passe et autres escroqueries politiques, à commencer par l'extrême droite – mais pas exclusivement. Le peuple contre les élites, contre la haute fonction publique, contre les éditocrates, contre les intellectuels parisiens : c'est un clivage tellement plus commode que l'opposition ancienne entre le capital et le travail, entre les salariés et les employeurs. Pour certains, le recours à ce qualificatif de caste a donc pour objet d'inventer de nouveaux clivages et de faire passer à la trappe la question sociale.

Avant d'user dans le débat public de la notion de caste, sans doute faut-il prendre la précaution d'en préciser la signification qu'on lui attache.

Dans mon esprit, il n'y a aucun doute sur le bon usage que l'on peut en faire : elle permet de mieux caractériser la nature du capitalisme dont on parle. Un capitalisme fortement inégalitaire qui donne une nouvelle actualité à la question sociale ; un capitalisme qui est aussi oligarchique.

Sur ce point, il n'est guère besoin d'argumenter longuement. Quand on observe la misère dans notre pays – plus de 9 millions de personnes vivant sous le seuil de pauvreté, près de 6 millions de chômeurs toutes catégories confondues, pas loin de 2 millions de travailleurs pauvres – et la richesse qui s'affiche dans les cercles dominants des milieux d'affaires, on convient que le capitalisme français est réellement inégalitaire. Mais, quand on examine aussi les passe-droits, les avantages exorbitants de la haute fonction publique française, qui, après avoir pris le pouvoir économique, a fait une OPA sur l'État, on observe que ce capitalisme est grevé de dérives ploutocratiques ou oligarchiques. Pour bien apprécier la crise qui mine notre pays, il faut se pencher sur ses deux principaux ressorts : la crise sociale et la crise démocratique.

On comprend la mise en garde de Pierre Birnbaum contre le populisme que le débat autour de la notion de caste peut alimenter. Mais qu'il en vienne, pour les besoins de sa démonstration, à fermer les yeux sur le système oligarchique français qui s'est consolidé au fil des ans, sur la place primordiale qu'y tient la haute fonction publique, voilà qui est surprenant. Car les faits ne laissent guère place au doute : dans un pays à la culture démocratique faible, compte tenu du legs du bonapartisme, les dérives oligarchiques se sont plus facilement propagées qu'en d'autres, où il existe une culture plus forte de contre-pouvoirs. L'énumération des pantouflages et rétropantouflages ici recensés prouve que ce ne sont pas des dérives individuelles, mais un système.

L'urgence est donc d'établir le constat des dérives qui anémient notre démocratie. Une fois l'état des lieux établi – ce que beaucoup refusent de faire –, on comprend sans peine qu'il doit déboucher sur un débat portant sur les voies et moyens d'une grande refondation démocratique.

Le combat contre ce système oligarchique exige une vaste refondation ou une révolution démocratique, pour sortir du « coup d'État permanent », redonner vie au Parlement et remettre en cause les pouvoirs exorbitants que les institutions de la Ve République confèrent au chef de l'État.

Mais une refondation ouvrant la voie à une VIe République n'a de chances d'aboutir que par de très grandes ambitions, visant à sortir du système de monarchie, et s'attaquant à la question qui a parcouru ce livre : n'est-il pas temps que la République se dote enfin d'une haute fonction publique qui adhère à ses valeurs ?

Dans cette perspective, c'est la frontière entre public et privé qu'il faut reconstruire. En freinant les avancées du marché et le recul de l'État sur un périmètre chaque jour plus limité. En arrêtant les privatisations et en défendant des services publics de plus en plus menacés. En reconstruisant un code de déontologie de la fonction publique qui a volé en éclats lors de l'affaire Pérol ; en encadrant les rétropantouflages toujours plus fréquents et sur lesquels le code pénal est muet. Pour cela, sans doute faudra-t-il que les missions de service public cessent de reculer au gré des avancées du marché ; que les partenariats public/privé soient interrompus. Le combat pour un renouveau démocratique rejoint le combat contre ce capitalisme qui fait main basse sur la sphère publique.

Assurément, il faudra beaucoup plus pour enrouer et briser le système oligarchique français. Et, puisqu'il s'est construit autour de l'ENA et de l'Inspection des finances, il sera urgent de supprimer la première et de dissoudre la seconde. Supprimer l'ENA ! J'entends le chœur d'indignation que cette suggestion peut susciter de toutes parts : démocratiser l'ENA, d'accord ! Mais la supprimer, en même temps que l'Inspection des finances, jamais !

Pendant des années, le débat a été tabou. Comment le parti Les Républicains ou le Parti socialiste s'y seraient-ils aventurés, puisque, pendant près de trente ans, ils ont puisé dans le même vivier et conduit les mêmes politiques ?

Longtemps, on a critiqué l'ENA dans les dîners mondains, sans jamais revendiquer sa suppression pure et simple dans le débat public. Le programme commun de la gauche, signé en 1972, n'a pas osé et s'est contenté d'annoncer qu'une « loi démocratisera la formation et le recrutement des fonctionnaires, y compris ceux des grands corps de l'État, ce qui suppose une réforme démocratique de l'ENA ». Toutefois, cette revendication *a minima* a vite été oubliée : dès l'alternance de 1981, les cabinets de gauche ont été peuplés de jeunes énarques et d'inspecteurs des finances – à la grande déception du ministre communiste de la Fonction publique Anicet Le Pors. Ainsi, ce dernier n'a pas mis en œuvre la suppression de l'ENA (que Georges Marchais réclamait à longueur de meetings), se bornant à une réforme qui, pour être progressiste, n'en était pas moins cosmétique : celle de la création, en 1983, d'une troisième voie de recrutement, de nature à ouvrir la haute fonction publique à des parcours différents, comme ceux de responsables syndicaux ou associatifs. Las ! Des années plus tard, en 1990, toujours sous un gouvernement de gauche, ce n'est pas l'ENA qui est supprimée, c'est la troisième voie.

N'oublions pas Sciences Po – en tout cas celui de Paris : malgré quelques réformes à la marge, c'est toujours le digne successeur de l'École libre des sciences politiques qui prodigue un enseignement compassé et conservateur, pour préparer, comme le disaient si bien Jean-Pierre Chevènement et ses amis, l'« agrégation du conformisme ».

En 1995, lors de sa campagne à forte résonance séguiniste, Jacques Chirac dénonce l'école par laquelle il est lui-même passé comme étant « le symbole d'une élite qui a failli, d'une caste qui se coopte ». Mais, une fois au pouvoir, il s'empresse… de ne rien faire. On prête aussi à l'ultralibéral Alain Madelin ce bon mot : « L'Irlande a l'IRA, l'Espagne a l'ETA, l'Italie a la mafia, la France a l'ENA. » Mais la saillie n'a pas davantage eu de suites.

Pour la période récente, Bruno Le Maire ose dire qu'il est temps de « supprimer l'ENA ». Mais, quand il s'y risque, lors du débat des primaires de la droite en vue de la campagne 2016-2017, à la faveur d'un entretien au *Parisien*, le 1er septembre 2016, il précise aussitôt que son souci n'est pas de remettre en cause le système oligarchique mais bien de prendre en compte ses évolutions, à l'heure de la mondialisation : « Il est temps de supprimer l'ENA. Elle a rempli son office pendant des années, formé des fonctionnaires de grande qualité. Mais nous entrons dans un monde nouveau : celui des entrepreneurs, de la créativité, de l'innovation. Où la haute administration doit reprendre sa juste place. » On comprend le sous-entendu : puisque la financiarisation ne cesse de tout grignoter, l'ENA n'est plus le seul creuset de la haute fonction publique ; il y a tout autant HEC ou d'autres formations de ce genre.

On touche là la logique profonde dans laquelle la haute fonction publique est aspirée. Car, s'il faut refaire aujourd'hui le procès de l'ENA, deux griefs majeurs doivent constituer la trame du réquisitoire : l'ENA, telle qu'elle est créée à la Libération, s'écarte du projet égalitaire dont rêvent les républicains depuis deux siècles ; sous l'impulsion du général de Gaulle et de Michel Debré, elle prend d'emblée les contours d'une école qui s'inscrit dans la logique de l'État fort, de l'État autoritaire, formé en 1958. Le second grief coule de source : au lieu de résister à la porosité qui s'est progressivement installée entre le privé et le public, entre la finance et l'État, l'ENA s'est elle-même adaptée à ces évolutions, en copiant HEC. Tout comme Sciences Po, qui veut rivaliser avec les plus grandes écoles de commerce.

Avec le recul, compte tenu des dégâts démocratiques causés pendant de si longues années par cette filière élitiste, il faut admettre que Marc Bloch avait raison : c'est à l'université que devrait revenir la responsabilité de former les élites françaises, tout en garantissant l'égalité d'accès aux carrières publiques. C'est elle, et elle seule, qui peut ouvrir l'esprit critique aux étudiants qui aspirent aux fonctions publiques, et pas seulement l'esprit d'obéissance ou de servilité. Qui peut leur inculquer que, dans la conduite des affaires publiques, il n'y a jamais qu'un seul choix possible ; que, dans une véritable démocratie, c'est aux citoyens qu'ils doivent d'abord rendre des comptes et pas seulement à leur hiérarchie, comme l'édicte la Déclaration des droits de l'homme, en son article 15 : « La société a le droit de demander compte à tout agent public de son administration. »

L'esprit critique ! Faut-il que notre démocratie soit malade pour que nul ou presque ne s'indigne que les hauts fonctionnaires de Bercy partagent les mêmes convictions (néolibérales) ? Pour suivre le ministère des Finances depuis plus de trente ans, j'ai moi-même constaté les évolutions présentées dans cet ouvrage. Au début des années 1980, j'ai connu une haute fonction publique qui était encore diverse, composite, traversée par des courants ou des sensibilités multiples. Avec le temps, j'ai constaté aussi les ravages que je décris : les départs plus nombreux et plus fréquents vers le privé en même temps que la généralisation de la pensée unique.

Certes, il existe encore quelques « résistants » isolés – que j'ai rencontrés pour rédiger ce livre – mais qui se sentent aujourd'hui si minoritaires et si affligés par les évolutions, qu'ils rechignent à parler à visage découvert. C'est pourquoi je n'ai pas le sentiment de forcer le trait en présentant la haute fonction publique sous les traits d'une caste homogène. Ce qui justifie mon interpellation : ne mesure-t-on pas les dangers pour une démocratie quand ses hauts fonctionnaires « ne la servent qu'à contrecœur » ? Ne mesure-t-on pas les dégâts que cela entraîne dans la conduite des politiques publiques quand tous les hauts fonctionnaires parlent d'une même et seule voix, au lieu d'être conviés à être imaginatifs, à inventer des solutions innovantes ou parfois même iconoclastes ? Au train où vont les choses, on finira par enseigner à l'ENA qu'Étienne de La Boétie (1530-1563), auteur du *Discours de la servitude volontaire,* était un dangereux révolutionnaire.

À sa manière, Pierre Birnbaum admet que l'ENA est une exception française. « Ainsi, les fonctionnaires allemands, belges, portugais ou suédois passent par l'université et accèdent à des emplois moyens avant de se hisser dans la carrière. En Grande-Bretagne, ils sont issus de *public schools*, et ensuite d'Oxford et de Cambridge, qui sont des institutions privées liées aux milieux dirigeants », relève-t-il.

Il est donc urgent de supprimer l'ENA. Et le paradoxe, c'est qu'aujourd'hui, le seul à le dire ouvertement, c'est François Bayrou… le principal allié d'Emmanuel Macron ! Déjà, lors de la campagne présidentielle de 2007, le président du Modem défendait cette idée – et il était le seul. Lors d'un déplacement à Fort-de-France, le 1er avril, il proposait de « supprimer » l'École nationale d'administration, estimant que « la réalité de la vie des citoyens est constamment niée » et que « désormais il faut qu'une page se tourne ». Diagnostiquant « une rupture profonde entre le pouvoir et les citoyens », il proposait « une réforme profonde de l'État, qui commencera par la suppression de l'École nationale d'administration et son remplacement par une école de la responsabilité publique, école de très haut niveau ». Cette école devra, disait-il, « accueillir des gens d'expériences différentes, ayant fait leurs preuves à tout âge, et pas seulement des jeunes diplômés ». Et d'ajouter : « Il faut aller au cœur de cette connivence perpétuelle entre les différents partis qui sont installés au pouvoir et les puissances financières, économiques, qui sont leurs amis de classe et leurs amis de caste. » Savoureuse formule qui prend, une décennie plus tard, une forte résonance.

Depuis, François Bayrou n'a pas ôté un mot à son constat : « Sélectionner des élites publiques à l'âge de vingt ans, ou à peine plus, quand elles n'ont encore aucune expérience professionnelle ou expérience de la vie, c'est irresponsable. Il est aussi dangereux de ne sélectionner ces mêmes élites que dans un seul vivier, sans chercher à diversifier les compétences et les expériences. Je trouverais beaucoup plus intelligent que l'on s'oriente vers le modèle de l'École de guerre, où les meilleurs des hauts fonctionnaires, ayant dépassé la trentaine, pouvant donc s'appuyer sur un vrai parcours, seraient sélectionnés et promus pour une formation de haut niveau, en cours de carrière », m'a-t-il confié[1].

Cette suggestion mériterait d'être peaufinée, en définissant des modalités nouvelles d'accès à la fonction publique qui garantissent des conditions égalitaires aux jeunes diplômés de l'université, issus de formations et de disciplines différentes, avant que les meilleurs d'entre eux, quelques années plus tard, la trentaine passée, puissent accéder à cette école d'application d'un nouveau genre.

Quoi qu'il en soit, tout va de pair : il n'y aura pas de refondation de notre démocratie s'il n'y a pas de refondation de la haute fonction publique ; cette refondation ne sera possible que si la démocratie elle-même fait peau neuve, dans le cadre d'une VIe République.

Immense chantier, mais à toutes choses malheur est bon, car, avec Emmanuel Macron au pouvoir, les dérives du présidentialisme et du libéralisme sont visibles comme elles ne l'ont jamais été. C'est même la marque du nouveau quinquennat, qui fait sien le pire des deux systèmes, et rejette ce qui peut en être le meilleur : libéral, il l'est avec outrance en économie, mais pas en politique ; bonapartiste, il l'est tout autant, mais sans la moindre fibre sociale.

1. Entretien avec l'auteur le 18 avril 2018.

Ces dérives sont tellement fortes qu'elles constituent une invitation pressante à tourner la page du présidentialisme qui empoisonne depuis si longtemps notre démocratie. Et à abattre ce système oligarchique qui lui est lié, dont l'ENA et l'Inspection des finances sont les principaux viviers.

Sans doute faut-il aussi méditer la leçon de la Libération. À l'époque, de nombreuses voix s'élèvent pour garantir l'égalité d'accès aux carrières publiques et, dans le même mouvement, pour supprimer les grands corps, notamment l'Inspection des finances, colonne vertébrale de la caste du ministère des Finances. À la fin de la guerre, cette double ambition est trahie : l'ENA est dévoyée pour devenir la filière de formation de l'oligarchie française, et la disposition législative qui prévoit la suppression de l'Inspection des finances, jetée à la poubelle.

Cette grande ambition, il faut la reprendre à zéro : supprimer l'ENA pour confier à l'université le soin de former les élites françaises, et supprimer cette société d'entraide pour oligarques que constitue l'Inspection des finances. C'est à ce prix que la République aura enfin une haute fonction publique à sa mesure : composite et égalitaire, imaginative et paritaire, représentative de la diversité des origines des citoyens de ce pays, et de sa diversité sociale. Une haute fonction publique fière de servir la République.

Contre le pouvoir personnel qu'incarne Emmanuel Macron, contre l'arrogance et la toute-puissance de la caste qu'il incarne, c'est le combat d'Hyppolyte Carnot, de Jean Zay et de Marc Bloch qu'il faut mener.

Postface

Puisque cet essai sur *La Caste*, initialement publié par La Découverte, reparaît, dans une deuxième édition, chez Pocket, c'est aux acteurs de ce mouvement de contestation sociale qui a surgi à l'automne 2018, celui des Gilets jaunes, que je voudrais dédier cette postface. Car, de ce mouvement social inédit, il n'est pas question dans la première édition parue deux mois avant que d'innombrables ronds-points ne commencent à être occupés aux quatre coins du pays, et que des manifestations n'aient lieu chaque samedi. Pas plus que quiconque, je ne savais, en achevant ce livre, que l'histoire allait brutalement s'accélérer, avec l'irruption d'une crise sociale totalement nouvelle en France, démarrant par un mouvement de protestation contre la hausse des taxes sur les carburants et débouchant très vite sur des revendications beaucoup plus larges, sociales et démocratiques.

L'ouvrage n'en donne pas moins les clefs d'explication principales, pour une raison qui n'a rien à voir avec une quelconque prophétie : c'est la caste qui est à l'origine de ce mouvement social ; l'accession au pouvoir de l'une ne pouvant conduire qu'à l'émergence de l'autre.

Que l'on veuille en effet prendre la peine d'examiner ce que je pointe dans ce livre, et que l'on pourrait appeler le paradoxe Macron. Libéral en économie, on savait qu'il le serait quand il a accédé à l'Élysée. Et il a été strictement conforme à ce que l'on pressentait : conforté par l'oligarchie de la haute fonction publique de Bercy, il a mis en œuvre une cascade sans précédent de réformes néolibérales, créant dans le pays une exaspération sociale croissante. Mais au début du quinquennat, certains ont pu penser qu'Emmanuel Macron serait également libéral en politique, qu'il réformerait les institutions pour les rendre plus démocratiques. Or, ceux-là ont dû déchanter. Le nouveau président s'est au contraire moulé dans les institutions illibérales de la Ve République, et a conduit les affaires du pays avec un autoritarisme brutal qui n'a guère de précédent au cours des années récentes.

C'est donc l'un des constats principaux que je dresse : la caste, avec Emmanuel Macron à sa tête, c'est une forme de pouvoir qui allie le pire du néolibéralisme en économie, et le pire du bonapartisme en politique. C'est une forme de pouvoir qui cherche à conduire dix, douze, quinze réformes impopulaires en même temps, et qui, dans cette culture présidentialiste détestable dans laquelle baigne la France depuis trop longtemps, se refuse à toute négociation et préfère passer toujours en force. En méprisant les prérogatives des syndicats ; en piétinant les droits du Parlement ; en faisant fi des humeurs de sa propre majorité…

Avec le recul, le mouvement des Gilets jaunes apparaît comme le prolongement logique sinon prévisible de cette politique sociale inégalitaire, accommodante pour les plus riches, implacable pour les plus modestes, et menée de surcroît de la façon la plus autoritaire qui soit. Jamais en France depuis la Libération autant de réformes réactionnaires n'avaient été conduites en même temps ; jamais cela n'avait été mis en œuvre de manière aussi brutale : j'ai donc le sentiment que ce livre n'a pas été pris de court par le mouvement des Gilets jaunes, et qu'il permet d'en comprendre la genèse profonde.

Il me faut, pourtant, faire un aveu. Quand *La Caste* a paru, ici ou là, on m'a parfois reproché de forcer le trait, et de présenter Emmanuel Macron et la haute fonction publique dont il est le champion sous un jour trop sombre. Or, avec le recul, si j'ai un regret, il est strictement l'inverse : en certains points, la réalité est beaucoup plus grave que je ne l'avais consignée alors.

Que l'on s'arrête notamment sur l'autoritarisme dont je parlais à l'instant. Le mot est finalement bien faible pour résumer les attaques innombrables conduites par ce pouvoir contre les libertés publiques. Contre la liberté de la presse qui a fait l'objet de menaces incessantes, avec la loi sur le secret des affaires et celle sur les fake news ; avec le projet de refonte de la grande loi progressiste de 1881 ; avec la tentative de perquisition à Mediapart ; avec la convocation de huit journalistes par la DGSI. Contre la liberté de manifester, qui a fait l'objet d'une réforme d'une gravité exceptionnelle et qui est sans cesse remise en cause, dans la rue, par des forces de police transformées en Robocops, harnachées et armées, comme si nous étions en guerre civile.

Et puis, à cette liste des manquements graves aux principes fondateurs de notre démocratie, il faut aussi ajouter, du même coup, celle des violences policières sans précédent dans notre pays depuis de nombreuses décennies, avec à la clef le très sombre bilan que l'on connaît : 2 morts, 24 éborgnés, 5 mains arrachées, des centaines et des centaines de blessés par des LBD, par des grenades de désencerclement, des lycéens humiliés, mis à genoux, traités comme s'ils étaient des terroristes…

De cette course folle, ultralibérale en économie, ultra-autoritaire en politique, on sait ce qu'il est advenu : Macron a fini par tuer… le macronisme. Et, affaibli, face à un pays en colère, face à une majorité gravement divisée, Emmanuel Macron a cherché à donner, à la fin de l'été 2019, une image inversée de lui-même : celui d'un chef d'État apaisé, soucieux de la paix sociale, désireux de renouer les liens rompus du dialogue social.

Las ! Quand il prend cette nouvelle posture, cela ne trompe pourtant pas grand monde. Chacun a compris que le ressort du macronisme est désormais brisé. Et que le chef de l'État n'a nulle intention de modifier l'orientation de sa politique économique et sociale. Tout juste cherche-t-il à gagner du temps, à donner le change. Il rêve toujours de conduire la « guerre sociale en France », comme le résume si bien le titre de l'ouvrage de mon confrère Romaric Godin[1], mais, de peur de précipiter une débâcle, il baisse un moment les armes. La caste est plus que jamais aux commandes, mais elle a tellement affiché son arrogance, elle a tellement abusé de son pouvoir, elle s'est tellement avancée sur l'avant-scène, elle qui était jusque-là si discrète, qu'elle doit baisser pavillon. Car, dans les turbulences sociales de l'hiver 2018-2019, elle comprend vite qu'Emmanuel Macron ne pourra pas achever son quinquennat comme il l'a commencé, dans une boulimie de réformes conduites au pas de charge et en piétinant la démocratie sociale.

Encore faut-il dire que cette pause ne dure que très peu de temps. Lui qui a promis d'être moins arrogant, plus bienveillant, à l'écoute des Français, le voici qui repart à la charge à l'approche de l'hiver. Trêve de courte durée ! Avec l'annonce d'une remise en cause sans précédent des allocations des chômeurs, avec la promesse d'une réforme des retraites qui va niveler tout le monde vers le bas, Macron refait du Macron : le social, voilà l'ennemi !

Malmené par une crise sociale historique qu'il a lui-même provoquée, Emmanuel Macron a d'autres habiletés. Alors que le manque de démocratie attise des critiques de plus en plus vives dans le pays et que de nombreux Gilets jaunes plaident pour des réformes

1. Romaric Godin, *La Guerre sociale en France. Aux sources économiques de la démocratie autoritaire*, La Découverte, Paris, 2019.

radicales, dont le référendum d'initiative citoyenne, le chef de l'État veut aussi donner l'impression qu'il a compris cette autre colère, et qu'il va en tenir compte. Porte-drapeau jusque-là de l'oligarchie, le voici donc qui se transmute subrepticement en son plus radical détracteur et, reprenant à son compte certaines des pistes de réflexion avancées par ce livre, propose la suppression de l'École nationale d'administration (ENA), et de tous les grands corps de l'État, dont notamment l'Inspection générale des finances (IGF).

Si ces deux idées reviennent périodiquement dans le débat public – l'auteur de ces lignes y a lui-même souvent contribué, dans ce livre et à l'occasion d'articles sur Mediapart –, c'est pour une raison majeure : l'ENA est de longue date le cadre de formation de l'oligarchie française, et l'inspection des Finances en est son quartier général. Alors, entendre Emmanuel Macron, qui est devenu en 2017 le porte-étendard de cette oligarchie ayant pactisé avec la finance, proposer au printemps 2019 de supprimer ces deux cénacles a fait sourire : on n'a pu s'empêcher de penser que le chef de l'État voulait caresser l'opinion dans le sens du poil en suggérant une réforme totalement opposée à ses convictions et à ce qu'il incarne, et qu'il y avait de la démagogie dans son annonce. Ou alors un piège.

Et cela, pour deux raisons. D'abord, Emmanuel Macron a tout de suite précisé que la suppression de l'ENA devrait donner lieu à la création d'un nouvel établissement, dans les mêmes locaux, avec les mêmes personnels. On s'est donc pris à penser que le projet était de repeindre la façade de l'actuelle ENA, pour qu'elle ressemble un peu plus à une grande école de commerce, style HEC. Ce qui serait démocratiquement inquiétant, mais cohérent avec l'ambition d'Emmanuel Macron de réformer la gestion de l'État, pour qu'elle se rapproche de plus en plus des modes de gestion des entreprises privées.

Dans le cours même de sa conférence de presse, le 25 avril 2019, Emmanuel Macron a donné un second indice de son insincérité, en annonçant que c'est à l'avocat Frédéric Thiriez qu'il avait confié la mission de réfléchir aux contours précis de la réforme. Personnage connu du capitalisme de connivence à la française, longtemps président de la Ligue professionnelle de football et figure emblématique du *foot business*, Frédéric Thiriez est aussi un proche de Bernard Tapie, dont il a défendu les intérêts devant la Cour de cassation. D'emblée, ce choix était de mauvais augure. Comment un personnage aussi engagé dans la financiarisation du football pouvait-il avancer des propositions de nature à réformer la haute fonction publique, dont l'une des dérives est précisément de vivre de plus en plus dans des systèmes de consanguinité avec la finance ?

Car c'est bien là le cœur du débat – et la preuve du subterfuge d'Emmanuel Macron : la suppression de l'ENA et de l'Inspection des finances n'a de sens que si elle s'accompagne de mesures radicales pour remettre en cause cette consanguinité public/privé, de sorte que l'intérêt général ne soit pas sans cesse pollué ou abîmé par les appétits privés. Or, de cela, Emmanuel Macron ne veut pas entendre parler. Tout au contraire, le chef de l'État s'échine, par une réforme radicale de la fonction publique, à faire en sorte qu'elle ait portes ouvertes sur le privé.

Tout change pour que rien ne change ! Une caste dissout l'État de l'intérieur au profit des intérêts privés : c'est ce travail de destruction qui est à l'origine du mouvement des Gilets jaunes ; et c'est ce travail qui se poursuit toujours, bien qu'à une cadence un peu moins vive.

Autant dire que la question sociale et la question démocratique sont plus que jamais devant nous.

Bibliographie

On trouvera ci-dessous les références de tous les livres et articles cités dans cet essai ou qui m'ont été utiles pour l'écrire.

Michel ALBERT, *Capitalisme contre capitalisme,* Seuil, Paris, 1991.

Éric ANCEAU, *La France de 1848 à 1870, entre ordre et mouvement*, Le Livre de Poche, Paris, 2002.

Arthur ARNOULD, *L'État et la révolution*, Librairie socialiste, Genève, 1877.

Honoré DE BALZAC, *Le Père Goriot*, Le Livre de Poche, Paris, 2004.

Joseph BARTHÉLEMY, *Le Problème de la compétence dans la démocratie*, cours professé à l'École des hautes études sociales pendant l'année 1916-1917, Librairie Félix Alcan, Paris, 1918.

Marc Olivier BARUCH et Vincent DUCLERT (dir.), *Serviteurs de l'État. Une histoire politique de l'administration française, 1875-1945*, « L'espace de l'histoire », La Découverte, Paris, 2000.

Paul BELOUINO, *Histoire d'un coup d'État*, Ludovic Brunet et Cie, Paris, 1852.

Henri Bergson, *Discours de réception à l'Académie française*, Paris, 24 janvier 1918 (accessible sur le site de l'Académie : <http://www.academie-francaise.fr/discours-de-reception-de-henri-bergson>).

Pierre Birnbaum, *Les Sommets de l'État. Essai sur l'élite du pouvoir en France*, Points, Paris, 1994.

Pierre Birnbaum, *Où va l'État ? Essai sur les nouvelles élites du pouvoir*, Seuil, Paris, 2017.

François Bloch-Lainé, *Profession : fonctionnaire. Entretiens avec Françoise Carrière*, Seuil, Paris, 1976.

Marc Bloch, *L'Étrange Défaite*, « Folio Histoire », Gallimard, Paris, 1990.

Marc Bloch, « Sur la réforme de l'enseignement », *Les Cahiers politiques*, n° 3, juillet 1943.

Pierre Bourdieu, *La Noblesse d'État. Grandes écoles et esprit de corps*, Éditions de Minuit, Paris, 1989.

Joseph Caillaux, *Mémoires. Mes audaces-Agadir : 1909-1912*, tome II, Plon, Paris, 1943.

Paul Carnot, *Hippolyte Carnot et le ministère de l'Instruction publique de la IIe République*, Presses universitaires de France, Paris, 1948 (consultable en accès libre sur le site Internet de la Bibliothèque nationale : <http://gallica.bnf.fr/ark:/12148/bpt6k82053p.pdf>).

Nathalie Carré de Malberg, *Le Grand État-Major financier : les inspecteurs des finances, 1918-1946. Les hommes, le métier, les carrières*, Comité pour l'histoire économique et financière de la France, Paris, 2011.

Gilles Carrez, rapport d'information déposé sur le bureau de l'Assemblée nationale, Paris, 30 juin 2010.

Paul Champsaur et Jean-Philippe Cotis, *Rapport sur la situation des finances publiques*, La Documentation française, Paris, mai 2010.

Henri CHARDON, *L'Organisation d'une démocratie. Les deux forces, le nombre, l'élite*, Perrin et Cie, Paris, 1921.

Jean-Pierre CHEVÈNEMENT, Alain GOMEZ et Dominique MOCHANE, publié sous le pseudonyme de Jacques MANDRIN, *L'Énarchie, ou les mandarins de la société bourgeoise*, La Table Ronde, Paris, 1967.

Jacques CHIRAC, *La France pour tous*, Nil éditions, Paris, 1995.

Franck DEDIEU, Mathias THÉPOT et Adrien DE TRICORNOT, *Mon amie, c'est la finance ! Comment François Hollande a plié devant les banquiers*, Bayard, Paris, 2014.

François DENORD, *Le Néolibéralisme à la française. Histoire d'une idéologie politique,* Agone, Paris, 2016.

Marc ENDEWELD, *L'Ambigu Monsieur Macron*, Points, Paris, 2018.

Friedrich ENGELS et Karl MARX, *Le Manifeste du Parti communiste*, Le Livre de Poche, Paris, 1973.

Alain GARRIGOU, *Les Élites contre la République. Sciences Po et l'ENA*, La Découverte, Paris, 2001.

Charles DE GAULLE, *Mémoires de guerre, Le Salut : 1944-1946*, tome III, Pocket, Paris, 2006.

Adolphe GRANIER DE CASSAGNAC, *Histoire de la chute du roi Louis-Philippe, de la République de 1848 et du rétablissement de l'Empire (1847-1855)*, Plon, Paris, 1857.

Victor HUGO, *Napoléon le Petit*, Actes Sud, Paris, 2007.

Vincent JAUVERT, *Les Intouchables d'État. Bienvenue en Macronie*, Robert Laffont, Paris, 2018.

Jean-Pierre JOUYET et Philippe MABILLE, *N'enterrez pas la France*, Robert Laffont, Paris, 2007.

Hervé KEMPF, *L'oligarchie, ça suffit, vive la démocratie*, Point, Paris, 2013.

Étienne DE LA BOÉTIE, *Discours de la servitude volontaire*, Mille et une nuits, Paris, 1997.

Jean LACROIX, « La souveraineté du droit et la démocratie », *Esprit*, n° 30, 1er mars 1935.

Marion LHOUR et Frédéric SAYS, *Dans l'enfer de Bercy. Enquête sur les secrets du ministère des Finances*, J.C. Lattès, Paris, 2017.

Emmanuel MACRON, *Révolution*, XO Éditions, Paris, 2016.

Mathieu MAGNAUDEIX (dir.) et MEDIAPART, *Macron & Cie. Enquête sur le nouveau président de la République*, Don Quichotte, Paris, 2017.

Michel MARGAIRAZ, *L'État, les finances et l'économie. Histoire d'une conversion 1932-1952*, tome II, Comité pour l'histoire économique et financière de la France, Paris, 1991.

Olivier MARLEIX et Fabien MATRAS, rapport d'information sur la déontologie des fonctionnaires et l'encadrement des conflits d'intérêts enregistré à la présidence de l'Assemblée nationale, Paris, 31 janvier 2018.

Karl MARX, *Le 18 Brumaire de Louis Bonaparte. La lutte des classes en France*, in *Œuvres IV, Politique I,* « Bibliothèque de la Pléiade », Gallimard, Paris, 1969.

Laurent MAUDUIT, *Jacques le Petit*, Stock, Paris, 2005.

Laurent MAUDUIT, *Petits Conseils*, Stock, Paris, 2007.

Laurent MAUDUIT, *Main basse sur l'information*, Don Quichotte, Paris, 2016.

Pierre MENDÈS FRANCE, *Pour une République moderne, 1955-1962*, in *Œuvres complètes IV*, Gallimard, Paris, 1988.

Ernest MERCIER, « Réflexions sur l'élite », *La Revue des deux mondes*, 15 février 1928.

Robert MICHELS, *Les Partis politiques, essai sur les tendances oligarchiques des démocraties,* « Bibliothèque de philosophie scientifique », Flammarion, Paris, 1914.

Pierre MILZA, *Napoléon III*, Perrin, Paris, 2004.

François MITTERRAND, *Le Coup d'État permanent*, Plon, Paris, 1964.

Ghislaine OTTENHEIMER, *Les Intouchables. Grandeur et décadence d'une caste : l'Inspection des finances*, Albin Michel, Paris, 2004.

François PIÉTRI, *Le Financier*, « Caractère de ce temps », Hachette, Paris, 1931.

Ernest RENAN, *La Réforme intellectuelle et morale*, in *Œuvres complètes I*, Calmann-Lévy, Paris, 1947.

Fréderic SAULNIER, *Joseph Barthélemy (1874-1945) : la crise du constitutionnalisme libéral sous la IIIe République*, Éditions LGDJ, Paris, 2004.

Jean SCHWOEBEL, *La Presse, le Pouvoir et l'Argent*, préface de Paul RICŒUR, avant-propos d'Edwy PLENEL, Seuil, Paris, 2018.

André SIEGFRIED, *De la IVe à la Ve République*, Grasset, Paris, 1958.

Hippolyte TAINE, « De la fondation d'une faculté libre de sciences politiques », *Journal des débats*, 17 octobre 1871, in *L'École libre des sciences politiques, 1871-1889*, Chamerot, Paris, 1889.

Alexis DE TOCQUEVILLE, *De la démocratie en Amérique,* tome II, « Folio histoire », Gallimard, Paris, 1986.

Alexis DE TOCQUEVILLE, *Souvenirs*, « Folio histoire », Gallimard, Paris, 1999.

Christian VIGOUROUX, *Déontologie des fonctions publiques*, Dalloz, Paris, 2012.

Jean ZAY, *Souvenirs et Solitude*, Belin, Paris, 2010.

Pour débattre de ce livre

Quiconque veut correspondre avec l'auteur peut lui adresser un courrier à son nom, à Mediapart, 8, passage Brulon, 75012 Paris
ou un courrier électronique : laurent.mauduit@mediapart.fr

Il est aussi possible d'échanger avec l'auteur en se rendant sur son blog : <mediapart.fr/club/blog/laurent-mauduit>

Les articles consacrés à ce débat sont également partagés sur :
Facebook : <https://www.facebook.com/La-Caste-427031514422327/>
Twitter : @LaurentMauduit

Table des matières

Composition et mise en pages
FACOMPO, Lisieux

Imprimé en France par

MAURY IMPRIMEUR
à Malesherbes (Loiret)
en février 2020

N° d'impression : 242808
S30785/01